*C'est le privilège du vrai génie, et surtout du génie qui ouvre une carrière,
de faire impunément des fautes.*

VOLTAIRE

Arthur Schopenhauer

Arthur Schopenhauer

LE MONDE COMME VOLONTÉ ET COMME REPRÉSENTATION

TOME DEUXIÈME

APPENDICE : CRITIQUE DE LA PHILOSOPHIE KANTIENNE.

Arthur Schopenhauer et son caniche
par Wilhelm Busch (1832-1908).

Traduction :

Auguste Burdeau

professeur de philosophie et homme politique français

(1851 – 1894)

2018

contact.cdbf@gmail.com

Chez le même éditeur

La Dharani de Vajravidarana, Djangtchoub Sempa Yeshé Nyngpo
Les Cent Mille Mantras, Djangtchoub Sempa Yeshé Nyngpo
La Sadhana de Tchenrézi, Djangtchoub Sempa Yeshé Nyngpo
Le Sûtra en 42 Articles, adaptation Djangtchoub Sempa Yeshé Nyngpo
La Vie du Bouddha, André-Ferdinand Herold
Catéchisme Bouddhique, Soubhadra Bhikshu
La Marche vers l'Éveil - Bodhičaryavâtâra, Shantideva
Introduction à la Philosophie Védanta, Friedrich Müller
Glossaire, Traduction des citations de Schopenhauer, Sophie Cordis
Le Monde comme Volonté et comme Représentation, Volume 1 A. Schopenhauer
Le Monde comme Volonté et comme Représentation Volume 2 Appendice, A. Schopenhauer
Le Monde comme Volonté et comme Représentation Volume 3 Suppléments 1
Le Monde comme Volonté et comme Représentation Volume 4 Suppléments 2
Le Fondement de la morale, A. Schopenhauer
L'Art d'Avoir Toujours Raison, A. Schopenhauer
Les Comédies de Plaute (2 volumes), Plaute
La Femme en Blanc (3 volumes), Wilkie Collins
*Recherches sur la Nature et les Causes de la Richesse des Nations
    (2 volumes)*, Adam Smith
Marseille, Porte du Sud, Albert Londres
Confession d'un enfant du siècle, Alfred de Musset
Nietzsche et l'Immoralisme, Alfred Fouillée
Messaline, Alfred Jarry
L'Affaire Crinquebille, Anatole France
Contes tjames, Antony Landes
La Grande Morale, Aristote
David Copperfield (2 volumes), Charles Dickens
La Franc-Maçonnerie des Femmes, Charles Monselet
Melmoth ou l'Homme Errant, Ch. Robert Maturin
Histoire d'un Ruisseau, Élisée Reclus
Pascal, Émile Boutroux
Doctrine de la Vertu, Emmanuel Kant
L'Écclésiaste, un Temps pour Tout, Ernest Renan
Jésus, Ernest Renan
Histoire de ma Jeunesse, Françoise Arago
Le Crépuscule des Idoles, Friedrich Nietzsche
Considérations Inactuelles, Friedrich Nietzsche
Seconde Considération Inactuelle, Friedrich Nietzsche
L'Antéchrist, Friedrich Nietzsche
La Théogonie, Hésiode
Les Vagabonds du Rail, Jack London
La Métisse : roman canadien, Jean Féron
Les Regrets, Joachim du Bellay
Lettres sur la Tolérance, John Locke
Essai Philosophique, John Locke
L'Utilitarisme, John Stuart Mill

Poil de Carotte : Illustrations Originales, Jules Renard
L'Homme Machine, J. Offray de la Mettrie
Misère de la Philosophie, Karl Marx
Tao Te King - Le Livre de la voie et de la vertu, Lao Tseu
Le Ta-Hio ou la Grande Étude, Confucius et son disciple Tseng-Tseu
Histoire du Moyen-Âge, Leconte de Lisle
Catéchisme Populaire Républicain, Leconte de Lisle
Les Rêves et les Moyens de Les Diriger, Léon d'Hervey de Saint-Denys
Traité Élémentaire de Peinture, Léonard de Vinci
Toutoune et Son Amour, Lucie Delarue-Mardrus
Pensées d'une Solitaire, Louise Ackerman
Contes Bizzares, L. Achim von Arnim
Les 95 Thèses, Martin Luther
Max Havelaar, Multatuli
Déclaration des Droits de la Femme, Olympe de Gouges
L'Esprit Contre la Raison, René Crevel
La Dame à la Louve, Renée Vivien
L'Étrange Cas du Docteur Jekyll et de M. Hyde, Robert Louis Stevenson
Le Livre de la Jungle : version illustrée, Rudyard Kipling
Au Hasard de la Vie, Rudyard Kipling
Le Chat, Théodore de Banville
Mademoiselle Dafné, Théophile Gautier
Kant et sa Philosophie, Victor Cousin
Les quatre Fils d'Ève, Vincente Blasco Ibanez
Pierrot Chien de Belgique, Walter Alden Dyer
La Tyrannie Socialiste, Yves Guyot
Trois Contes Sauvages : roman canadien, Zacharie Lacasse

© Éditions CdBF 2018
ISBN : 978-1-982-92241-2

1. OBJET DE CET APPENDICE : JUSTIFIER L'AUTEUR DANS SES DIVERGENCES À L'ÉGARD DE KANT.

Dans l'œuvre d'un grand esprit, il est beaucoup plus facile de relever les fautes et les erreurs que d'en faire ressortir les mérites en une énumération claire et complète. C'est qu'en effet les défauts sont chose particulière, limitée, susceptible par suite d'être embrassée d'un seul coup d'œil. Au contraire, s'il est une marque, empreinte par le génie sur les œuvres qu'il produit, c'en est l'excellence et la profondeur sans bornes. Et c'est ce qui fait qu'éternellement jeunes, elles servent de précepteurs à une longue suite de générations. Le chef-d'œuvre achevé d'un esprit véritablement grand exercera toujours sur l'ensemble de l'humanité une action profonde et d'une intensité telle, qu'il est impossible d'établir quelle est, à travers les pays et les âges, la sphère de son influence lumineuse. Il en a toujours été ainsi. L'œuvre a beau naître au milieu d'une civilisation très avancée : malgré tout, semblable au palmier, jamais le génie ne manque d'étendre ses rameaux bien au-dessus du sol où il plonge ses racines.

Toutefois une action de ce genre, si universelle et si radicale, ne saurait s'affirmer tout d'un coup : il y a pour cela trop de distance entre le génie et le gros de l'humanité. Dans l'espace d'une vie d'homme, le génie puise directement aux sources de la vie et de la réalité une certaine somme d'idées, il se les assimile, il les présente aux hommes toutes digérées et préparées ; néanmoins l'humanité ne peut se les approprier sur-le-champ, car elle est impropre à recevoir dans une aussi large mesure que le génie est capable de donner,

D'abord, ces doctrines immortelles ont quelquefois à combattre contre d'indignes adversaires ; ils leur contestent, dès le berceau, le droit de vivre, et ils seraient capables d'étouffer en germe ce qui doit faire le salut de l'humanité, – il en est d'eux comme des serpents auprès du berceau d'Hercule ; – mais ce n'est pas tout : il faut qu'elles se frayent un chemin à travers une multitude d'interprétations perfides et de fausses applications ; il faut qu'elles résistent à ceux qui les veulent concilier avec les anciens errements ; elles vivent ainsi dans une lutte continuelle, jusqu'à la naissance d'une génération neuve et libre de préjugés, capable de les comprendre ; dès sa jeunesse, cette génération reçoit petit à petit, par mille canaux détournés, les eaux de cette source généreuse ; avec le temps, elle se les approprie et prend ainsi sa part de la salutaire influence que le génie fera rayonner sur l'humanité entière. On voit avec quelle lenteur se fait l'éducation du genre humain, ce faible et récalcitrant disciple des grands esprits. – C'est précisément ce qui arrive pour la doctrine de Kant. Le temps seul en révèlera toute la grandeur et l'importance, alors que l'esprit d'une époque entière transformée peu à peu par l'influence des théories, et modifiée jusque dans son essence, sera le vivant témoignage de la puissance gigantesque de ce génie. Je ne veux en aucune façon devancer témérairement l'esprit de mon temps et je ne prends point le rôle ingrat de Calchas ou de Cassandre. Je demande seulement, après les explications que je viens de donner, la permission de considérer les œuvres de Kant comme une chose encore toute récente. Telle n'est pas la mode aujourd'hui. Beaucoup de nos philosophes les trouvent vieillies ; ils les mettent de côté, comme hors d'usage, prétendant qu'elles retardent sur le siècle. Quelques autres, enhardis par cet exemple, affectent même de les ignorer ; ils reprennent les hypothèses de l'ancien dogmatisme réaliste et en font revivre toute la scolastique, en se lançant dans des spéculations sur Dieu et sur l'âme ; c'est comme si l'on accréditait dans la nouvelle chimie les doctrines de l'alchimie. – Aussi bien, les œuvres de Kant n'ont pas besoin de mes faibles éloges ; elles suffiront à faire éternellement la gloire de leur auteur et elles vivront toujours parmi les hommes, sinon dans leur lettre, tout au moins par leur esprit.

Considérons l'action immédiate de la période de Kant, les essais et études philosophiques qui ont vu le jour durant la période qui nous sépare de lui ; il y a là de quoi nous confirmer les paroles décourageantes de Gœthe : "L'eau que le navire vient de fendre se referme aussitôt derrière lui ; il en est de même de l'erreur : d'excellents esprits la refoulent et se font jour ; mais, une fois qu'ils sont passés, elle, par un mouvement naturel, se hâte de reprendre sa place." (*Vérité et Poésie*, part. III, p. 521.) Toutefois ce n'est là qu'un exemple particulier de la destinée qui est, ainsi que nous l'avons dit, généralement réservée a toute innovation, à toute grande idée ; cette période de notre histoire philosophique n'est qu'un épisode, épisode qui, sans aucun doute, tire actuellement à sa fin ; la bulle de savon qui a duré si longtemps va finir, malgré tout, par crever. L'on commence généralement à se persuader que la vraie, que la sérieuse philosophie en est encore où Kant l'a laissée. En tout cas, je conteste qu'entre lui et moi, l'on ait fait en cette matière le moindre progrès. C'est pourquoi je me rattache directement à lui.

Mon but, en ajoutant cet Appendice à mon œuvre, c'est purement et simplement de justifier ce qui dans ma doctrine n'est point d'accord avec la philosophie de Kant, ou même ce qui la contredit. Ceci, en effet, réclame une discussion ; car, quelle que soit la différence de mes idées avec celles de Kant, malgré tout, elles subissent son influence ; elles trouvent en lui seul leur explication ; elles procèdent de lui ; je reconnais enfin moi-même que, dans le développement de ma propre philosophie, les écrits de Kant, tout autant que les livres sacrés des Hindous et que Platon, ont été, après le spectacle vivant de la nature, mes plus précieux inspirateurs. – Si, malgré tout, je persiste ainsi à contredire Kant, c'est parce que j'ai à le convaincre d'erreur sur les matières qui nous sont communes, et que je dois signaler les fautes qu'il a commises. Voilà pourquoi, dans tout cet Appendice, je dois me placer à l'égard de Kant sur le terrain de la polémique, d'une polémique sérieuse et aussi serrée que possible : à cette condition seulement, la doctrine kantienne sera débarrassée de l'erreur qui y est mêlée ; c'est uniquement à ce prix qu'on en fera ressortir la vérité dans tout son éclat, qu'on en assurera l'immuable certitude. Il ne faut donc pas attendre de moi que le profond respect que j'ai pour Kant s'étende jusqu'à ses faiblesses et à ses défauts ; je ne me crois pas obligé à envelopper ma réfutation d'artifices et de restrictions ; je ne veux point, à force de faux-fuyants, ôter à mon argumentation toute force, tout relief. Envers un grand philosophe encore vivant, de pareils ménagements sont nécessaires ; il faut mille tempéraments et mille flatteries pour faire accepter à la faiblesse humaine la contradiction la plus justifiée ou la réfutation d'une erreur, souvent même elle ne l'accepte que de fort mauvaise grâce ; et d'ailleurs un tel bienfaiteur, un tel maître intellectuel de l'humanité mérite qu'on épargne à son amour-propre la douleur d'une blessure même légère. Mais un mort est au-dessus de ces mesquineries : ses mérites sont solidement établis ; entre les admirateurs et les détracteurs à outrance, le temps établit petit à petit le juste milieu. Grâce à lui, les défauts sont isolés, neutralisés, puis oubliés. Aussi, dans la polémique que je vais inaugurer contre Kant, n'ai-je en vue que ses défauts et ses faiblesses ; je me pose en ennemi contre eux et je leur déclare une guerre sans merci, une guerre d'extermination ; loin de vouloir les ménager ou les couvrir, je n'ai qu'un but, les mettre en pleine lumière, pour mieux en assurer la destruction. En raison de toutes les explications que j'ai données, je n'ai à me reprocher, en procédant ainsi, ni injustice, ni ingratitude à l'endroit de Kant. Toutefois, pour éloigner de moi toute apparence défavorable, je veux encore au préalable donner une preuve de mon profond respect et de ma reconnaissance pour Kant : je vais exposer brièvement quel est, à mes yeux, le service capital dont la philosophie lui est redevable. Je me placerai d'ailleurs, dans cette courte exposition, à un point de vue si général, que je n'aurai même pas à toucher aux questions sur lesquelles je devrai plus tard m'inscrire en faux contre lui.

2. GRANDEUR DE KANT :
1° IL A DÉMONTRÉ LA DISTINCTION ENTRE LE PHÉNOMÈNE ET LA CHOSE EN SOI : IL COMPLÈTE PAR LÀ LES HINDOUS ET PLATON, ET RUINE LE DOGMATISME ;
2° IL PRESSENT L'IDENTITÉ DE LA CHOSE EN SOI AVEC LA VOLONTÉ, ET RÉNOVE AINSI LA MORALE ;
3° IL DÉTRUIT LA PHILOSOPHIE SCOLASTIQUE, C'EST-À-DIRE SOUMISE À LA THÉOLOGIE.

Le plus grand mérite de Kant, c'est d'avoir distingué le phénomène de la chose en soi. Pour arriver à cette distinction, il s'est appuyé sur la remarque suivante, à savoir qu'entre les choses et nous, il y a toujours l'entendement, l'entendement qui les empêche d'être connues telles quelles peuvent être en soi. Il avait été mis sur cette voie par Locke[1]. Locke avait remarqué que les *qualités secondaires* des choses, telle que le son, l'odeur, la couleur, la dureté, la mollesse, le poli, etc., n'ont d'autre fondement que les affections des sens, et que par suite elles n'appartiennent point aux corps objectifs, à la chose en soi ; à ces derniers il réservait au contraire les *qualités primaires*, c'est-à-dire celles qui ne supposent que l'espace et l'impénétrabilité, telles que l'étendue, la forme, la solidité, le nombre, la mobilité. Mais cette distinction de Locke, assez facile à trouver, et fort superficielle, n'était encore qu'un vague prélude et une naïve ébauche de la distinction que Kant allait faire. En effet, ce que Locke avait bien laissé subsister sous le nom de qualités primaires, c'est-à-dire de propriétés de la chose en soi, Kant, parti d'un point de vue incomparablement plus élevé, nous le représente comme appartenant encore au phénomène de la chose en soi, tel qu'il est saisi par notre faculté de connaître ; et il fonde précisément cette réduction sur ce que les conditions de notre faculté de connaître, à savoir temps, espace et causalité, nous sont connues *a priori*. En somme, Locke avait abstrait de la chose en soi l'élément

---

[1] Voyez les *Prolégomènes à toute métaphysique future*, § 13, remarque 2.

apporté dans la perception par les organes des sons ; Kant, lui, retire de plus à la chose en soi l'élément apporté dans la perception par les fonctions cérébrales (car c'est en somme ce qu'il dit, bien que ses termes ne soient point les miens) ; par suite, la distinction du phénomène et de la chose en soi a pris actuellement une importance infiniment plus grande, un sens beaucoup plus profond. Pour arriver là, il lui fallait entreprendre l'importante distinction entre la connaissance *a priori* et la connaissance *a posteriori* ; avant lui la distinction n'avait pas encore été faite d'une manière suffisamment rigoureuse et complète, on n'en avait pas encore pris une claire conscience : aussi est-ce avant tout à cette recherche qu'il consacre ses profondes analyses. – Il faut remarquer ici qu'à l'égard des philosophies qui la précèdent, la philosophie de Kant a trois attitudes différentes. Elle confirme et elle élargit la philosophie de Locke, ainsi que nous venons de le montrer. Elle redresse et elle confisque à son profit la philosophie de Hume ; c'est ce que Kant a très clairement exposé dans l'introduction des *Prolégomènes*[2]. Enfin elle combat résolument et détruit la philosophie de Leibniz et de Wolf. Il faut connaître ces trois doctrines avant d'aborder l'étude de la philosophie kantienne. – Ainsi, comme nous venons de le dire, le caractère essentiel de la philosophie de Kant, c'est la distinction du phénomène et de la chose en soi ; en d'autres termes, la doctrine de Kant proclame la diversité absolue de l'idéal et du réel.

Par suite, affirmer, comme on l'a fait bientôt après, que ces deux termes sont identiques, c'est donner une triste confirmation de la parole de Gœthe que nous citions tout à l'heure ; une pareille erreur est d'autant plus impardonnable quand on ne l'appuie que sur une balourdise, je veux dire l'intuition intellectuelle ; malgré toute la charlatanerie, toutes les grimaces, tout le pathos et tout le galimatias dont on se couvre, il n'y a là qu'un retour honteux au plus grossier sens commun. Ce sens commun a été le digne point de départ des non-sens encore plus énormes qu'a commis ce lourdaud et ce maladroit de Hegel. – Comme dans l'esprit que nous venons

---

[2] Cet ouvrage est à la fois le plus beau et le plus clair des grands écrits de Kant ; il est beaucoup trop inconnu, et c'est fort regrettable, car il facilite d'une façon singulière l'étude de la philosophie kantienne.

d'indiquer, la distinction de Kant entre le phénomène et la chose en soi reposait sur une pensée beaucoup plus profonde, sur une réflexion beaucoup plus mûre que tout ce qui avait précédé ; elle était aussi infiniment riche de conséquences. En faisant cette distinction, Kant tire de son propre fonds, exprime d'une manière tout à fait originale, découvre sons un nouveau point de vue et par une nouvelle méthode la même vérité qu'avant lui Platon ne se lassait point de répéter, et qu'il exprime plus souvent dans son langage de la manière suivante : "Le monde qui frappe nos sens ne possède point véritablement l'être ; il n'est qu'un devenir incessant, indifférent à l'être ou au non-être ; le percevoir, c'est moins une connaissance qu'une illusion. "C'est également la même vérité qu'il exprime d'une manière mythique au commencement du septième livre de la *République*[3], lorsqu'il dit : "Ces hommes sont enchaînés dans une sombre caverne ; ils ne voient ni la véritable lumière, ni la source d'où elle jaillit, ni les choses réelles, mais seulement une faible lueur diffuse dans la caverne et les ombres des choses réelles qui passent devant un grand feu, derrière les hommes ; pourtant ils se figurent que les ombres sont des réalités, et, s'ils connaissent l'ordre de succession de ces ombres, ils croient posséder la véritable sagesse." – C'est encore la même vérité, toujours sous une forme différente, qui fait ce fonds de l'enseignement des Védas et des Purânas : c'est la doctrine de la Maya. Sous ce mythe, il faut voir exactement ce que Kant nomme phénomène par opposition à la chose en soi ; en effet, l'œuvre de Maya est justement présentée comme le symbole de ce monde sensible qui nous entoure, véritable évocation magique, apparence fugitive, n'existant point en soi, semblable à une illusion d'optique et à un songe, voile qui enveloppe la conscience humaine, chose mystérieuse, dont il est également faux, également vrai de dire qu'elle existe ou qu'elle n'existe pas. – Toutefois Kant ne se contentait pas d'exprimer la même doctrine d'une manière tout à fait neuve et originale ; grâce à la plus sereine et à la plus sobre des expositions, il la transformait en une vérité démontrée, incontestable. Platon, au contraire, et les Hindous, n'avaient fondé leurs affirmations que sur une intuition générale du

---

[3] Ce passage, le plus important de toute l'œuvre de Platon, a déjà été cité dans notre troisième livre.

monde ; ils ne les donnaient que comme l'expression directe de la pure aperception ; ils les exprimaient enfin d'une manière plutôt mythique et poétique que philosophique et précise. À ce point de vue, il y a entre Kant et eux le même rapport qu'entre Copernic, d'une part, et, d'autre part, les pythagoriciens Hicetas, Philolaos et Aristarque, lesquels avaient déjà affirmé le mouvement de la terre et l'immobilité du soleil.

Kant a démontré par des procédés scientifiques et réfléchis, il a exposé d'une manière raisonnée que le monde n'est, dans tout son être, qu'illusion ; telle est la base, telle est l'âme, tel est le mérite capital de toute sa philosophie. Pour constituer cette philosophie, il dépensa des trésors de réflexion et de sagacité : il lui fallut démonter, puis examiner pièce à pièce tout le mécanisme de cette faculté de connaître, en vertu de laquelle se joue cette comédie fantastique qu'on nomme le monde extérieur. Toutes les philosophies occidentales, antérieures à celle de Kant, paraissent à côté de celle-ci singulièrement niaises ; elles ont méconnu cette vérité capitale, et par suite tout leur enseignement n'a jamais été que la vision confuse du rêve. Kant le premier fait sortir la philosophie de ce sommeil ; c'est pour cela que les derniers de ces endormis, tels que Mendelssohn, l'appelèrent le destructeur universel. Selon lui, en effet, les lois qui gouvernent avec une irréfragable nécessité l'être, c'est-à-dire en somme le champ de l'expérience, ne peuvent nous révéler ni l'origine ni l'explication de cet être ; leur valeur n'est par le fait que purement relative, autrement dit elle n'existe point, tant que l'être, c'est-à-dire le champ de l'expérience, n'est encore ni posé ni donné ; par suite, de pareilles lois ne peuvent plus nous guider, du moment que nous prétendons expliquer l'existence du monde et de nous-mêmes. Les prédécesseurs de Kant en Occident s'étaient fait à ce sujet de singulières illusions : pour eux, les lois qui relient entre sur les phénomènes, toutes ces lois de temps, d'espace, de causalité aussi et de consécution (qui pour moi se résument sous l'expression du principe de raison), étaient des lois absolues, affranchies de toute condition, en un mot des *vérités éternelles* ; le monde lui-même leur était soumis et leur était conforme, de sorte qu'il suffisait de se guider sur elles pour résoudre tout le problème du monde. Quel pouvait être le résultat des hypothèses que l'on avait faites à cet effet, hypothèses que Kant critique sous le nom d'idées de la raison ? Elles n'aboutissaient en somme qu'à faire du simple phénomène, de l'œuvre de Maya, du monde des ombres de Platon la réalité unique et suprême : à l'être intime et véritable on substituait la fantaisie, et par là on s'enlevait toute possibilité de le connaître réellement ; bref, on enfonçait les dormeurs plus avant dans leur rêve. Kant prouve que ces lois, et par suite le monde lui-même, sont conditionnés par la faculté de connaître du sujet ; en conséquence, il est évident qu'avec de pareilles lois pour guides, on a beau poursuivre indéfiniment les recherches et les déductions, jamais on ne fait avancer d'un pas la question capitale, jamais on n'arrive à savoir ce qu'est l'être du monde en soi, en dehors de la représentation ; mais on ne fait que s'agiter, comme l'écureuil dans son cylindre. Les dogmatiques, en bloc, me font l'effet de ces gens qui se figurent, en marchant tout droit devant eux, pouvoir arriver au bout du monde ; Kant, au contraire, pour suivre la comparaison, me semble avoir fait le tour de la terre et montre qu'en raison de sa sphéricité, on n'en peut sortir en marchant horizontalement, mais qu'il n'est peut-être pas impossible de le faire en suivant un mouvement vertical. Aussi peut-on dire que la doctrine de Kant a mis en lumière une importante vérité, à savoir que la fin et le commencement du monde doivent être cherchés non pas en dehors de nous, mais en nous.

Tout cela repose sur la distinction fondamentale entre la philosophie dogmatique, d'une part, et, d'autre part, la philosophie critique ou *transcendantale*. Veut-on se faire une idée nette de cette distinction et en obtenir une frappante image par un exemple vivant ? on peut le faire très rapidement. Il suffit de lire, comme exemple de philosophie dogmatique, un écrit de Leibniz intitulé "*De rerum originatione radicali*[4]", imprimé pour la première fois par Erdmann dans son édition des *Œuvres philosophiques de Leibniz*. On se trouve là en pleine méthode réaliste et dogmatique ; l'on y recourt à la preuve ontologique et à la preuve cosmologique ; l'on y spécule *a priori* sur l'origine et sur la perfection radicale du monde, à la lumière des vérités éternelles. — Si d'aventure on accorde que l'expérience donne un démenti formel à cette conception optimiste

---

[4] *De l'origine radicale de toutes choses*

du monde, on signifie aussitôt à l'expérience qu'elle est incompétente et qu'elle doit se taire, quand la philosophie *a priori* a prononcé. – Avec Kant la philosophie critique entre en lutte ouverte contre cette méthode ; elle se propose comme principal problème de vérifier les vérités éternelles qui servaient de fondement à toute construction dogmatique ; elle recherche leur origine et elle finit par la trouver dans le cerveau de l'homme. D'après elle, les vérités éternelles sont un produit de notre cerveau, elles procèdent des formes originales de l'entendement humain, formes qu'il porte en lui et dont il se sert pour concevoir un monde objectif. Le cerveau est en quelque sorte la carrière qui fournit les matériaux de cette téméraire construction dogmatique. Ainsi, pour arriver à ces résultats, la philosophie critique doit remonter *par-delà* les vérités éternelles sur lesquelles jusqu'à présent le dogmatisme s'était appuyé ; ce sont les vérités éternelles elles-mêmes qu'elle met en question ; voilà pourquoi elle prend le nom de *philosophie transcendantale*. De cette philosophie il résulte encore que le monde objectif, tel que nous le connaissons, n'est point la chose en soi ; il n'en est qu'un phénomène, phénomène conditionné par ces mêmes formes qui résident *a priori* dans l'entendement humain, autrement dit dons le cerveau ; par suite, il ne peut contenir lui-même autre chose que des phénomènes.

Kant, il est vrai, n'est pas arrivé à découvrir l'identité du phénomène et du monde comme représentation d'une part, l'identité de la chose en soi et du monde comme volonté d'autre part. Mais il a fait voir que le monde phénoménal est conditionné par le sujet tout autant que par l'objet ; il a isolé les formes les plus générales du phénomène, c'est-à-dire de la représentation, et par le fait il a démontré que, pour connaître les formes mêmes, pour en embrasser toute la sphère d'application, l'on peut partir non seulement de l'objet, mais aussi du sujet ; car, entre l'objet et le sujet, elles jouent le rôle d'un véritable mur mitoyen ; et il en a conclu qu'en raison de ce mur l'on ne pénètre l'essence intime ni de l'objet ni du sujet, autrement dit que l'on ne connaît jamais l'essence du monde, la chose en soi.

Kant, ainsi que je vais le montrer, est arrivé à la chose en soi, non par une déduction exacte, mais par une inconséquence,

inconséquence qui lui a valu de fréquentes et irréfutables objections dirigées contre cette partie capitale de sa doctrine. Il ne reconnaissait point dans la volonté la chose en soi elle-même. Pourtant il a fait un grand pas vers cette découverte et il en a montré le chemin, lorsqu'il a représenté la valeur morale indéniable de l'action humaine comme étant *sui generis* et indépendante des lois du phénomène ; après avoir démontré qu'on n'en pouvait trouver dans ces lois la raison suffisante, il la posa comme quelque chose qui se rattache directement à la chose en soi. Tel est le second point de vue auquel il faut se placer pour apprécier ce que nous lui devons. Nous pouvons lui attribuer un troisième mérite : c'est d'avoir donné le coup de grâce à la philosophie scolastique ; sous ce nom je pourrais comprendre en bloc toute la période qui commence à partir de saint-Augustin, Père de l'Église, et qui se termine précisément avec Kant. En effet, le caractère de la période scolastique est bien à coup sûr celui que Tennemann lui a si exactement attribué : c'est la tutelle exercée par la religion d'État sur la philosophie qui doit se contenter de confirmer, d'illustrer les dogmes capitaux que lui impose cette souveraine. Les scolastiques proprement dits, jusqu'à Suarez, l'avouent ingénument ; quant aux philosophes postérieurs, ils le font plus inconsciemment, tout au moins ils n'en veulent pas convenir. Généralement on fait finir la philosophie scolastique un siècle environ avant Descartes, et avec lui l'on prétend inaugurer une époque toute nouvelle de libre philosophie ; désormais, dit-on, la recherche philosophique est affranchie de toute religion positive. Mais en réalité Descartes ne mérite pas cet honneur, non plus que ses successeurs[5] ; avec eux la philosophie n'a qu'un semblant

---

[5] Il faut ici faire une exception en faveur de Giordano Bruno et de Spinoza. Ils se tiennent tous deux à l'écart et conservent leur *quant à soi* ; ils n'appartiennent ni à leur siècle ni à l'Europe du reste, ils ont eu pour toute récompense, l'un la mort, l'autre la persécution et l'outrage. En Occident ils vécurent malheureux et moururent jeunes, pareils à des plantes tropicales qu'on aurait importées en Europe. Pour des génies de ce genre, la vraie patrie c'étaient les bords sacrés du Gange : là une vie sereine et honorée leur eût été réservée, au milieu d'intelligences sympathiques. — Dans les vers qu'il a placés au début du livre *Della causa principio* (livre qui le conduisit au bûcher), Bruno exprime en termes fort beaux et fort clairs à quel point il se sentait seul dans son siècle ; on y voit en même temps un pressentiment du sort qui l'attendait, pressentiment qui retarda même la publication de son ouvrage ; mais

d'indépendance, tout au plus fait-elle un effort pour atteindre à la véritable autonomie. Descartes était un esprit de la plus haute distinction, et on doit reconnaître qu'il arrive à des résultats considérables, si l'on tient compte de son époque. Mais on n'entre plus d'ordinaire dans ces considérations ; on le juge sur la réputation qu'on lui a faite d'avoir affranchi la pensée de toute entrave, d'avoir inauguré une période, celle de la recherche véritablement indépendante. Si nous nous plaçons à ce point de vue, il faut avouer que dans son scepticisme il n'apporte aucune vraie rigueur et que par suite il lui arrive de désavouer sa méthode avec une déplorable facilité ; il a l'air de vouloir une fois pour toutes secouer toutes les servitudes invétérées, rompre avec les opinions que lui imposent son temps et son pays. Mais il ne le fait qu'en apparence et pour un instant, quitte à revenir bientôt aux vieux errements et à s'y tenir plus fidèlement encore. D'ailleurs, tous ses successeurs jusqu'à Kant n'ont pas fait autre chose. Voici des vers de Gœthe qui s'appliquent à merveille aux libres penseurs de ce calibre là :

---

il céda vite à cette force irrésistible qui pousse les nobles esprits à communiquer aux autres ce qu'ils jugent être vrai. Voici ces vers :

> *Ad partum properare tuum, mens aegra, quid obstat,*
> *Saeclo haec indigno sint tribuenda licet ?*
> *Umbrarum fluctu terras mergente, cacumen*
> *Attolle in clarum, noster olympe, Jovem.*
> *"Qui t'empêche de répandre tes fruits, esprit débile ? Il faut pourtant que tu les donnes à ce siècle indigne. La terre est couverte d'un océan d'ombre ; mais c'est à toi, ô mon olympe, de faire émerger ton front jusque dans la clarté de Jupiter."*

Qu'on lise le grand ouvrage de Giordano Bruno, qu'on lise aussi ses autres ouvrages italiens, autrefois si rares, aujourd'hui mis à la portée de tous grâce à une édition allemande, et l'on trouvera, comme moi, que, parmi tous les philosophes, il est le seul qui se rapproche en quelque chose de Platon ; lui aussi, il unit fortement la puissance et les aspirations poétiques à l'esprit philosophique et, encore comme Platon, il excelle à montrer sa pensée sous un jour dramatique. C'était, autant que nous en pouvons juger par son livre, une nature de penseur, contemplative et délicate. Représentons-nous cet homme tombé aux mains de prêtres grossiers et implacables, ses juges et ses bourreaux, et rendons grâce au temps qui dans sa course nous a amené un siècle plus éclairé, plus clément. L'avenir devait par ses malédictions faire justice de ce fanatisme diabolique, et ce qui, pour Bruno, n'était que l'avenir, devait pour nous être le présent.

"Je demande pardon à Votre Grâce de la comparaison, mais ils me font l'effet des cigales à longues pattes : toujours elles volent et elles sautent en volant, et toujours elles chantent dans l'herbe leur vieille chanson[6]."

Kant avait ses raisons pour faire semblant de s'en tenir lui aussi au rôle de la cigale. Mais cette fois, en effet, le saut qu'on permettait au philosophe, parce qu'on savait bien qu'il était généralement suivi d'une rechute sur le gazon natal, devait se terminer tout autrement, en un puissant essor, que nous autres, placés au-dessous, pouvons seulement suivre de l'œil, et qu'il ne nous est plus impossible d'emprisonner.

Ainsi Kant ne craignit point de proclamer, conformément à sa doctrine, l'incertitude radicale de tous les dogmes qu'on s'était si souvent flatté de démontrer. La théologie spéculative et la psychologie rationnelle qui en est inséparable reçurent de lui le coup fatal. Depuis Kant, elles ont disparu de la philosophie allemande ; il n'en faut pas douter, et, s'il arrive de temps à autre qu'on tienne bon sur le mot, après avoir cédé sur la chose, ou bien qu'un malheureux professeur de philosophie garde devant ses yeux la crainte du Seigneur et veuille que "la vérité demeure la vérité", on n'en doit pas être dupe. Pour mesurer le service que Kant a rendu là, il faut avoir vu de près l'influence néfaste que les concepts de l'ancienne philosophie ont exercée, tant sur les sciences naturelles que sur la philosophie, chez tous les écrivains du XVIIe et du XVIIIe siècle, même les meilleurs. Dans les écrits allemands sur les sciences naturelles, il est frappant de voir combien, à partir de Kant, le ton et le fonds d'idées métaphysiques se modifient : avant lui on était encore au point où l'Angleterre en est aujourd'hui, – L'œuvre si méritoire de Kant s'attaque directement à la philosophie précédente. Avant lui, on se contentait d'observer, sans en approfondir l'essence, les lois du monde phénoménal ; on les élevait au rang de vérités éternelles, et par ce fait on faisait passer le phénomène pour la véritable réalité. Kant, en un mot, s'attaquait au réalisme, dupe obstinée et irréfléchie

---

[6] Faust, 1ère part., prologue dans le *Ciel*. Les vers sont placés par le poète dans la bouche de Méphistophélès.

NOTE DU TRADUCTEUR

d'une illusion, et qui, dans toute la philosophie précédente, dans l'antiquité, pendant le Moyen-Âge et dans les temps modernes, avait maintenu sa souveraineté intacte. Sans doute Berkeley, continuant, sur ce point, la tradition de Malebranche, avait déjà reconnu ce qu'il y avait d'étroit et de faux dans le réalisme. Mais il était incapable de le renverser, car son attaque ne portait que sur un point particulier de la doctrine, le grand point de vue idéaliste qui règne dans toute l'Asie non convertie à l'islamisme et en domine la religion même, c'était donc à Kant qu'il était réservé de le faire triompher en Europe et dans la philosophie. Avant Kant nous étions dans le temps ; depuis Kant c'est le temps qui est en nous, et ainsi de suite des autres formes *a priori*.

Cette philosophie réaliste, aux yeux de laquelle les lois du monde phénoménal étaient absolues et régissaient également la chose en soi, traita la morale aussi d'après les mêmes lois et par le fait elle lui donna pour fondement tantôt la théorie de la béatitude, tantôt la volonté du créateur, tantôt enfin l'idée de la perfection, idée qui en soi est absolument vide et dépourvue de contenu ; elle ne désigne en effet qu'une simple relation, laquelle ne tire de signification que de l'objet auquel elle se rapporte ; car "être parfait" ne signifie pas autre chose que "correspondre à un certain concept présupposé par ce mot et préalablement donné" ; il faut donc, avant tout, que ce concept soit posé, et sans lui la perfection n'est que comme un nombre sans nom, autrement dit un mot qui ne signifie rien. À cette objection l'on répondra peut-être que l'on fait intervenir implicitement le concept "humanité" ; le principe de la morale serait alors de tendre vers une humanité de plus en plus parfaite ; mais cela revient à dire simplement : "les hommes doivent être ce qu'ils doivent être" ; – et l'on n'est pas plus avancé qu'auparavant. En effet, le mot "parfait" n'est guère qu'un synonyme de complet : une chose est parfaite lorsque, étant donnés un cas ou un individu d'une certaine espèce, tous les prédicats contenus dans le concept de cette espèce sont représentés, c'est-à-dire effectivement réalisés, dans ce cas ou dans cet individu. Il en résulte que le concept de perfection, si l'on s'en sert absolument et abstraitement, n'est qu'un mot vide de sens ; il en est d'ailleurs de même de la rubrique "l'être parfait" et de nombre d'autres. Tout cela n'est qu'un vaste bavardage. Malgré tout, dans les siècles précédents, ce concept de perfection et d'imperfection était une monnaie fort accréditée ; que dis-je ? c'était le *centre* autour duquel pivotaient toute la morale et même la théologie. Chacun l'avait à la bouche, si bien qu'à la fin on en fit un abus scandaleux. Nous voyons, spectacle lamentable, jusqu'aux meilleurs écrivains du temps, tels que Lessing, s'embourber dans les perfections et imperfections et s'escrimer au milieu de ce fatras. Pourtant tout esprit un peu sensé devait sentir au moins confusément que ce concept n'a point de contenu positif, puisque, semblable à un signe algébrique, il désigne abstraitement une simple relation. – C'est Kant, répétons-le encore une fois, qui dégagea la grande et indéniable signification morale de nos actions et qui la distingua absolument du phénomène et de ses lois ; il fit voir qu'elle touche directement à la chose en soi, à l'être intime du monde, tandis qu'au contraire l'espace et le temps, avec tout ce qui les remplit et s'ordonne en eux suivant la loi de causalité, ne doivent être tenus que pour un songe sans consistance et sans réalité.

Ce court exposé, qui d'ailleurs est loin d'épuiser la matière, doit suffire pour prouver à quel point j'apprécie tout ce que nous devons à Kant. Je lui ai rendu ce témoignage, d'abord pour ma satisfaction personnelle, ensuite parce que l'équité le voulait ainsi : je devais rappeler les mérites de Kant à ceux qui voudront bien me suivre dans la critique impitoyable que je vais faire de ses fautes. J'aborde maintenant cette critique.

3. Critiques :
État de trouble et de stérilité où Kant a laissé la philosophie.

Il suffit de considérer l'histoire pour voir que les mérites considérables de Kant sont altérés par de grands défauts. Sans doute il opéra dans la philosophie la plus grande révolution qui fut jamais ; il mit fin à la scolastique qui, d'après la définition que nous en donnions, avait duré quatorze siècles ; il inaugura enfin, et il inaugura effectivement, dans la philosophie une période toute nouvelle, une troisième grande époque. Malgré tout, le résultat immédiat de sa réforme ne fut que négatif ; il n'eut rien de positif : Kant n'ayant point apporté de système complet, ses adeptes ne purent s'en tenir même temporairement à sa doctrine ; tous remarquèrent qu'il était arrivé quelque chose de grand, mais personne ne savait au juste quoi. Ils sentaient bien que toute la philosophie antérieure n'avait été qu'un songe stérile, et que la génération nouvelle était en train de s'éveiller ; mais actuellement où devaient-ils se prendre ? Ils ne le savaient point. C'était dans tous les esprits un grand vide et une grande inquiétude : l'attention publique, même l'attention du grand public, était éveillée. Les philosophes du temps n'eurent ni cet essor personnel, ni cette révélation intérieure qui arrive à se faire jour, fut-ce dans les temps les moins propices, par exemple à l'époque de Spinoza ; ils obéirent simplement à l'impulsion générale ; ce furent des hommes sans aucun talent hors ligne : ils firent des essais, tous faibles, ineptes, souvent insensés. Quant au public, comme sa curiosité se trouvait déjà excitée, il ne leur en accorda pas moins son attention et il leur prêta longtemps l'oreille avec une patience dont on n'a d'exemple qu'en Allemagne.

Un fait analogue a dû se produire dans l'histoire de la nature après les grandes révolutions qui transformèrent toute la surface de la terre et bouleversèrent l'ordre des mers et des continents. Désormais le champ se trouvait libre pour une nouvelle création. Cette période de transition persiste longtemps, jusqu'à ce que la nature fût capable de produire un nouveau système d'êtres durables dont chacun fût en harmonie avec lui-même et avec les autres ; çà et là venaient au jour des organismes monstrueux ; ils étaient en désaccord avec eux-mêmes et avec leurs semblables, et incapables par suite de subsister longtemps ; il nous en est resté quelques vestiges, qui sont pour nous comme les monuments des essais et tâtonnements d'une nature récente en voie de formation. – Dans la philosophie, Kant a, de nos jours, donné lieu à une crise tout à fait semblable, à une période de productions monstrueuses ; de ce fait à nous tous connu, nous pouvons conclure que son œuvre, toute méritoire qu'elle est, ne pouvait pas être parfaite, qu'elle devait au contraire s'accompagner de grands défauts ; c'est une œuvre négative ; elle ne sera profitable que par un de ses côtés. Nous allons nous mettre maintenant à la recherche des défauts en question.

4. KANT VEUT QUE LA MÉTAPHYSIQUE PRENNE SON POINT D'APPUI HORS DE TOUTE EXPÉRIENCE ; ELLE DOIT S'APPUYER AU CONTRAIRE SUR LA TOTALITÉ DE L'EXPÉRIENCE.

Au préalable, nous allons préciser et examiner l'idée fondamentale dans laquelle se résume l'intuition de toute la *Critique de la raison pure*. – Kant se plaça au point de vue de ses prédécesseurs, les philosophes dogmatiques, et par suite il partit comme eux des données suivantes :

Art. 1er. La métaphysique est la science de ce qui réside au-delà de toute expérience possible.

Art. 2. Pour édifier une science de ce genre, on ne saurait partir de principes puisés eux-mêmes au sein de l'expérience (*Prolégomènes,* § I) ; pour dépasser l'expérience possible, il faut recourir à ce que nous connaissons antérieurement à toute expérience, c'est-à-dire indépendamment de toute expérience.

Art. 3. Il se trouve effectivement en notre raison un certain nombre de principes qui satisfont à cette condition ; on les désigne sons le nom d'idées de la raison pure. – Jusqu'à présent Kant ne se sépare point de ses prédécesseurs ; mais c'est ici que se fait la scission. Les philosophes antérieurs disent : "Ces principes, ou idées de la raison pure, sont des expressions de la possibilité absolue des choses, des vérités éternelles, sources de l'ontologie ; ils dominent l'ordre du monde, comme le *fatum* dominait les dieux des anciens." Kant dit : "Ce sont de simples formes de notre entendement, des lois qui régissent non les choses, mais la conception que nous avons dos choses ; par suite, nous n'avons pas le droit de les étendre, comme on voulait le faire (cf. Art. 1), au-delà de l'expérience possible. C'est donc justement l'apriorité des formes et de la connaissance qui nous interdit à jamais la connaissance de l'être en soi des choses, puisque cette connaissance ne peut s'appuyer que sur des formes d'origine subjective ; nous sommes enfermés dans un monde de purs phénomènes ; il s'ensuit que, bien loin de connaître *a priori* ce que les choses peuvent être en soi, nous sommes incapables de le savoir, fût-ce *a posteriori*. Par suite, la métaphysique est impossible, et on lui substitue la *Critique de la raison pure* !" Dans sa lutte contre le vieux dogmatisme, Kant remporte une pleine victoire ; aussi tous ceux qui depuis tentent des essais dogmatiques sont-ils forcés de suivre une méthode toute différente des méthodes anciennes : je vais maintenant passer à la justification de celle que j'ai adoptée moi-même ; c'est du reste, ainsi que je l'ai dit, le but que je me propose dans cette *Critique de la philosophie de Kant*.

En effet, si l'on examine de près l'argumentation qui précède, on ne peut s'empêcher de convenir que le premier postulat fondamental sur lequel elle s'appuie forme une pétition de principe ; voici ce postulat fondamental : il est exprimé avec une netteté toute particulière dans le § I des *Prolégomènes* : "La source de la métaphysique doit absolument ne pas être empirique ; ses principes et concepts fondamentaux doivent n'être puisés ni dans l'expérience interne, ni dans l'expérience externe." À l'appui de cette affirmation capitale Kant n'apporte aucune autre raison que l'argument étymologique tiré du mot *métaphysique*. Voici en réalité comment procède Kant : le monde et notre propre existence se posent nécessairement à nous comme un problème. Pour Kant (notons qu'il admet tout cela sans démonstration), ce n'est pas en comprenant à fond le monde lui-même qu'on peut obtenir la solution du problème ; on doit au contraire chercher cette solution dans quelque chose de tout à fait étranger au monde (tel est, en effet, le sens de l'expression : "au-delà de toute expérience possible") ; dans la recherche de la solution on doit exclure toute donnée dont on puisse avoir une connaissance immédiate quelconque (car qui dit "connaissance immédiate" dit expérience possible interne ou externe) ; la solution ne doit être cherchée que d'après des données acquises indirectement, c'est-à-dire déduites de principes généraux *a priori*. Cela revient à exclure la source principale de toute connaissance et à condamner la seule voie qui conduise à la vérité. Dès lors, il n'est pas étonnant que les essais dogmatiques ne réussissent point ; il n'est pas étonnant non plus que Kant ait su démontrer la nécessité de leur échec ; en effet, on avait, au préalable, déclaré que "métaphysique" et "connaissance *a priori*" étaient identiques. Mais pour cela il aurait fallu commencer par démontrer que les éléments nécessaires pour résoudre le problème du monde ne devaient absolument pas faire partie du monde lui-même, qu'on devait au contraire les chercher en dehors du monde, là ou il est impossible d'arriver sans le secours des formes *a priori* de notre entendement. Tant que ce dernier point reste indémontré, nous n'avons aucune raison pour récuser, dans le plus important et le plus grave de tous les problèmes, la plus féconde et la plus riche des sources de notre connaissance, je veux dire l'expérience interne et externe, et pour n'opérer dans nos spéculations qu'à l'aide de formes dépourvues de contenu. Voilà pourquoi je prétends que c'est en acquérant l'intelligence du monde lui-même que l'on arrive à résoudre le problème du monde ; ainsi le devoir de la métaphysique n'est point de passer par-dessus l'expérience, en laquelle seule consiste le monde, mais au contraire d'arriver à comprendre à fond l'expérience, attendu que l'expérience, externe et interne, est sans contredit la source principale de la connaissance ; si donc il est possible de résoudre le problème du monde, c'est à la condition de combiner convenablement et dans la mesure voulue l'expérience externe avec l'expérience interne, et par le fait d'unir ensemble ces deux sources de connaissance si différentes l'une de l'autre. Néanmoins cette solution n'est possible que dans de certaines limites, limites inséparables de notre nature finie ; nous acquérons une intelligence exacte du monde lui-même, mais nous n'arrivons point à donner une explication définitive de son existence, ni à supprimer les problèmes d'au-delà. En résumé, il est une limite où l'on doit s'arrêter ; ma méthode tient le milieu entre la vieille doctrine dogmatique qui déclarait tout connaissable, et la critique de Kant qui désespère de rien connaître. Mais les vérités importantes, que nous devons à Kant et qui ont anéanti les systèmes antérieurs de métaphysique, m'ont fourni pour mon propre système les données et les matériaux. Il sera bon de se reporter à ce que je dis de ma méthode au chapitre XVII des *Suppléments*. – En voilà assez sur l'idée fondamentale de Kant ; nous allons maintenant considérer le développement et le détail de la doctrine.

5. Obscurité du style de Kant ;
abus de symétrie dans la structure de sa doctrine.

Le style de Kant porte en général la marque d'un esprit supérieur, d'une vraie et d'une puissante originalité, d'une force de pensée tout à fait extraordinaire ; sobriété lumineuse, tel est assez exactement le caractère de ce style ; au moyen de cette qualité, Kant a trouvé le secret de serrer de très près les idées, de les déterminer avec une grande sûreté, puis de les tourner et retourner en tout sens avec une aisance singulière qui fait l'étonnement du lecteur. Cette sobriété lumineuse, je la retrouve dans le style d'Aristote, bien que ce dernier soit beaucoup plus simple. – Malgré tout, chez Kant, l'exposition est souvent confuse, indécise, insuffisante et parfois obscure. Sans doute, ce dernier défaut trouve en partie son excuse dans la difficulté de la matière et dans la profondeur des pensées ; cependant, lorsqu'on voit tout à fait clair dans ses pensées, lorsqu'on sait d'une manière parfaitement nette ce que l'on pense et ce que l'on veut, jamais on ne produit au jour des idées flottantes ou indécises, jamais non plus pour les exprimer on n'emprunte aux langues étrangères des expressions pénibles et alambiquées, destinées à revenir constamment dans tout l'ouvrage. Kant fait pourtant ainsi : il emprunte à la philosophie scolastique des mots et des formules ; puis il les combine ensemble pour son propre usage ; il parle, par exemple, de "l'unité transcendantale synthétique de l'aperception" *(Transcendentale synthietische Einheit der Apperzeption.)* ; Et surtout il dit "unité de la synthèse" *(Einheit der Synthesis)*, là où il suffirait de dire tout simplement "unification" *(Vereinigung)*. Un écrivain tout à fait maître de sa pensée s'abstient également de revenir sans cesse sur des explications déjà données, comme fait Kant à propos, par exemple, de l'entendement, des catégories, de l'expérience et de plusieurs autres idées importantes ; il s'abstient surtout de se répéter à satiété et de laisser néanmoins, après chaque exposition d'une idée qui revient pour la centième fois, toujours les mêmes points obscurs ; il dit ce qu'il pense une fois pour toutes, d'une manière nette, complète, définitive, et il s'en tient là.

"Mieux nous concevons une chose, dit Descartes dans sa cinquième lettre, plus nous sommes portés à l'exprimer sous une forme unique." *(Quo enim melius rem aliquam concipimus, eo magis determinati sumus ad eam unico modo exprimendam.)* L'obscurité que Kant mit parfois en son exposition fut surtout fâcheuse par le mauvais exemple qu'elle donna ; les imitateurs imitèrent le défaut du modèle *(exemplar vitiis imitabile)* et ils firent un usage déplorable de ce dangereux précédent. Kant avait forcé le public à se dire que les choses obscures ne sont pas toujours dépourvues de sens ; aussitôt les philosophes dissimulèrent le non-sens sous l'obscurité de leur exposition. Fichte le premier s'empara de ce nouveau privilège et l'exploita en grand ; Schelling en fit au moins autant, puis une armée de scribes affamés dépourvus d'esprit et d'honnêteté se hâta de surpasser Fichte et Schelling. Pourtant on n'était pas encore au comble de l'impudence ; il restait des non-sens plus indigestes à nous servir, du papier à barbouiller avec des bavardages plus vides et plus extravagants encore réservés jusqu'alors aux seules maisons de fous. Hegel parut enfin, auteur de la plus grossière, de la plus gigantesque mystification qui fut jamais ; il obtint un succès que la postérité tiendra pour fabuleux et qui restera comme un monument de la niaiserie allemande. C'est en vain qu'un contemporain, Jean-

Paul, avait écrit dans son *Æsthetische Nachschule* le beau paragraphe sur la consécration de la folie philosophique dans la chaire et de la folie poétique sur le théâtre ; c'est aussi en vain que Gœthe avait déjà dit : "C'est ainsi que l'on bavarde et que l'on enseigne impunément ; qui donc se soucierait des fous ? Lorsqu'il n'entend que des mots, l'homme croit pourtant qu'il s'y cache quelque pensée." *(Faust,* I, v. 287 sqq.) Mais revenons à Kant. Il faut avouer que la simplicité antique et grandiose, que la naïveté, l'ingénuité, la candeur[7] lui manquent totalement. Sa philosophie n'a aucune analogie avec l'architecture grecque ; celle-ci, pleine de simplicité et de grandeur, nous offre des proportions, des rapports qui sautent aux yeux ; au contraire, la philosophie de Kant rappelle d'une manière très frappante l'architecture gothique. En effet, un

---

[7] *Ingénuité, candeur.* Ces deux mots sont en français dans le texte allemand.
NOTE DU TRADUCTEUR

trait tout à fait personnel de l'esprit de Kant, c'est son goût pour la symétrie, pour ce genre de symétrie qui aime les combinaisons compliquées, qui se plaît à diviser et à subdiviser indéfiniment, toujours d'après le même ordre, précisément comme dans les églises gothiques. Quelquefois même cette habitude régénère en un véritable jeu ; il va jusqu'à faire ouvertement violence à la vérité par amour de la symétrie, se comportant avec elle comme faisaient avec la nature les anciens dessinateurs des jardins français : leurs œuvres se composent d'allées symétriques, de carrés et de triangles, d'arbres en pyramides ou en boules, de haies taillées suivant des courbes régulières. Donnons à l'appui quelques exemples.

Kant commence par traiter isolément de l'espace et du temps ; sur le contenu de l'espace et du temps, sur ce monde de l'intuition dans lequel nous vivons et où nous sommes, il se tire d'affaire au moyen de la formule suivante, formule qui ne signifie rien du tout : "Le contenu empirique de l'intuition nous est donné", dit-il. Tout aussitôt il passe d'un seul bond au *fondement logique de toute sa philosophie*, au *tableau des concepts*. De ce tableau il tire une douzaine de catégories, pas une de plus, pas une de moins ; elles sont symétriquement rangées sous quatre étiquettes différentes ; dans le cours de l'ouvrage, ces subdivisions deviendront un instrument redoutable, un véritable lit de Procuste ; il y fera entrer bon gré, mal gré, tous les objets du monde et tout ce qui se produit dans l'homme ; il ne reculera devant aucune violence ; il ne rougira d'aucun sophisme, pourvu qu'il puisse reproduire partout la symétrie du tableau. La première classification dressée conformément à ce tableau est le tableau physiologique *a priori (Reine physiologische Tafel)* des principes généraux des sciences naturelles, savoir : les axiomes de l'intuition, les anticipations de la perception, les analogies de l'expérience, et les postulats de la pensée empirique en général. De ces principes les deux premiers sont simples ; les deux derniers, au contraire, se divisent symétriquement chacun en trois branches. Les simples catégories sont ce qu'il appelle des *concepts* ; quant aux principes des sciences naturelles, ce sont des *jugements*. Se guidant toujours sur la symétrie, ce fil d'Ariane qui doit le conduire à toute sagesse, il va maintenant montrer comment, grâce au raisonnement, la série des catégories porte ses fruits, et cela toujours avec la même régularité. Tout à l'heure il avait appliqué les catégories à la sensibilité, et il expliquait ainsi la genèse de l'expérience et de ses principes *a priori*, lesquels constituent l'*entendement* ; maintenant il applique le raisonnement aux catégories, opération toute rationnelle, puisque l'on attribue à la raison la tâche de chercher l'inconditionné : et c'est de là que procèdent les idées de la raison, suivant l'évolution que voici : les trois catégories de la relation fournissent au raisonnement trois espèces de majeures possibles, ni plus ni moins ; chacune de ces trois espèces se divise également à son tour en trois groupes ; et chacun de ces groupes est semblable à un œuf que la raison couve pour en faire naître une idée : du raisonnement dit catégorique sort l'idée de l'*âme* ; du raisonnement hypothétique sort l'idée du monde ; du raisonnement disjonctif sort l'idée de Dieu. Celle du milieu, l'idée du *monde*, ramène encore une fois la symétrie du tableau des catégories : ses quatre rubriques donnent lieu à quatre thèses, et chacune de ces thèses a pour pendant symétrique son autre thèse. La combinaison éminemment subtile qui a produit cet élégant échafaudage mérite sans doute toute notre admiration ; mais nous nous réservons d'en examiner à fond les bases et les parties. − Qu'on nous permette auparavant les quelques considérations suivantes.

6. Imperfection de certaines définitions chez Kant.
(raison, entendement, etc.)

Il est étonnant de voir à quel point Kant poursuit son chemin sans réfléchir davantage ; il se laisse guider par la symétrie ; il ordonne tout d'après elle, et jamais il ne considère en lui-même aucun des objets ainsi abordés. Je vais m'expliquer plus à fond. Pour la connaissance intuitive, il se contente de la considérer dans les mathématiques ; il néglige complètement une autre espèce de connaissance intuitive, celle qui, sous nos yeux, constitue le monde ; et il s'en tient à la pensée abstraite, bien que celle-ci tire toute son importance et toute sa valeur du monde intuitif, lequel est infiniment plus significatif, plus général, plus riche de contenu que la partie abstraite de notre connaissance. Il n'a même, et cela est capital, distingué nulle part d'une façon nette la connaissance intuitive et la connaissance abstraite ; et il s'est par le fait, comme nous le verrons plus tard, engagé dans des contradictions inextricables avec lui-même. Après s'être débarrassé de tout le monde sensible au moyen de cette formule vide : "Il est donné", il dresse, ainsi que nous l'avons dit, le tableau logique des jugements et il en fait la pierre angulaire de sa construction. Mais ici encore il ne réfléchit pas un instant à ce qui est en réalité actuellement devant lui. Les formes des jugements sont des mots et des assemblages de mots. Il fallait, à coup sûr, commencer par se demander ce que désignent directement ces mots et assemblages de mots ; l'on aurait trouvé qu'ils désignent des *concepts*. La question suivante eût porté sur l'essence des concepts. En y répondant, l'on aurait déterminé quel rapport les concepts ont avec les représentations intuitives qui constituent le monde ; alors la distinction eût été faite entre intuition et réflexion. Il eût fallu rechercher comment se produisent dans la conscience non seulement l'intuition pure et formelle *a priori*, mais aussi l'intuition empirique qui en est le contenu. Mais en ce cas l'on aurait vu quelle part a l'entendement dans cette intuition, et surtout l'on aurait vu en même temps ce qu'est l'entendement et ce qu'est par contre la raison proprement dite, cette raison dont Kant écrivait la critique. Il est tout à fait frappant que jamais non plus Kant ne précise ce dernier point d'une manière méthodique et suffisante ; il n'en donne que des explications incomplètes et sans rigueur, d'une façon d'ailleurs tout à fait incidente, selon qu'il y est amené par les matières qu'il traite ; il est en cela tout à fait en contradiction avec la règle de Descartes invoquée plus haut. En voici quelques exemples[8] : la raison, dit Kant, est la faculté de connaître les principes *a priori (Das Vermögen der Prinzipien* a priori*) (Critique de la raison pure, 5e éd., p. 24)* ; plus loin, même définition, la raison est la faculté de connaître les principes *(Ibid.,* p. 299; 5e éd., p. 356), et elle s'oppose à l'entendement, en ce que celui-ci est la faculté de connaître les règles *(Das Vermögen der Regeln).* Cela donnait à penser qu'entre principes et règles il devait y avoir un abîme, puisque Kant prend sur lui d'admettre pour les uns et pour les autres deux facultés de connaître différentes. Pourtant cette grande différence doit consister simplement en ceci : est une règle ce qui est connu *a priori* par l'intuition pure ou par les formes de l'entendement ; n'est un principe que ce qui découle de purs concepts *a priori.* Nous reviendrons encore dans la suite, à propos de la dialectique, sur cette distinction arbitraire et inopportune. – Ailleurs, la raison est la faculté de raisonner (Das Vermögen zu Schtiessen p. 330; 5e éd., p. 386) ; quant au simple jugement, Kant le donne généralement comme le produit de l'entendement (p ; 69 ; 5e éd., p. 94). D'une manière plus précise, il dit : le jugement est le produit de l'entendement tant que la raison du jugement est empirique, transcendantale ou métalogique (*Traité du principe de raison,* §§ 31, 32, 33) ; si au contraire cette raison est logique, si, en d'autres termes, la raison du jugement est un raisonnement, nous sommes en présence d'une faculté de connaître toute particulière et bien supérieure, la raison. Chose plus singulière encore, il prétend que les conséquences immédiates d'un principe sont encore du ressort de l'entendement (p. 303; 5e éd., p. 360) : ne sont élaborées par la raison que les conséquences pour la démonstration desquelles on invoque un concept intermédiaire ; et il cite à l'appui l'exemple

---

[8] J'avertis le lecteur que, dans toutes mes citations de la Critique de la raison pure, je me réfère à la pagination de la première édition; cette pagination est reproduite intégralement dans Rozenkranz (éd. des *œuvres complètes de Kant*). J'indique en outre la pagination de la cinquième édition; toutes les éditions, à partir de la seconde, sont d'accord avec la cinquième, même pour la pagination.

suivant : étant donné le principe "tous les hommes sont mortels", on arrive à la conséquence "quelques hommes sont mortels" par le simple entendement, tandis que celle-ci : "tous les savants sont mortels", exige une faculté toute différente et bien supérieure, la raison. Comment est-il possible qu'un grand penseur ait pu faire une pareille assertion. – Ailleurs, et à brûle-pourpoint, la raison est déclarée la condition constante de toute action libre (p. 553 ; 5ᵉ éd., p. 581). – Ailleurs elle est la faculté qui nous permet de rendre compte de nos affirmations (p. 614 ; 5ᵉ éd., p. 642). – Ailleurs elle est ce qui réduit à l'unité les concepts de l'entendement pour en faire des idées, comme l'entendement réduit à l'unité la pluralité des objets pour en faire des concepts (p. 643, 644 ; 5ᵉ éd., p. 671-672). – Ailleurs elle n'est pas autre chose que la faculté de déduire le particulier du général (p. 646 ; 5ᵉ éd., p. 674.).

L'entendement aussi reçoit sans cesse des définitions nouvelles : en sept passages de la *Critique de la raison pure*, il est tantôt la faculté de produire les représentations (p. 51 ; 5ᵉ éd., p. 75), tantôt celle de formuler des jugements, c'est-à-dire de penser, autrement dit de connaître par le moyen des concepts (p. 69 ; 5ᵉ éd., p. 94) ; tantôt d'une manière générale il est la faculté de connaître (5ᵉ éd., p. 137) ; tantôt il est celle de connaître les règles (p. 132 ; 5ᵉ éd.,

p. 171) ; tantôt au contraire il est défini non seulement la faculté de connaître les règles, mais encore la source des principes, grâce à laquelle tout est réglé dons le monde (p. 158 ; 5ᵉ éd., p. 197), bien que pourtant Kant l'opposât naguère à la raison, sous prétexte que celle-ci seule était la faculté de connaître les principes ; tantôt encore il est la faculté de connaître les concepts (p. 160 ; 5ᵉ éd., p. 199) ; tantôt enfin il est celle d'introduire l'unité dans les phénomènes par le moyen des règles (p. 302 ; 5ᵉ éd., p. 359).

Pour l'une et l'autre de ces facultés de connaître, j'ai moi-même donné des définitions rigoureuses, exactes, précises, simples, toujours en harmonie avec le langage usuel de tous les peuples et de tous les temps ; je crois inutile de les justifier contre celles de Kant qui ne sont, – sauf le respect qui s'attache à son nom, – que paroles confuses et vides de sens. Je ne les ai citées que pour confirmer ma critique, pour prouver que Kant poursuit son système symétrique et logique, sans réfléchir suffisamment à l'objet même qu'il traite. Kant, ainsi que je le disais, aurait dû rechercher dans quelle mesure il y a lieu de distinguer ainsi deux facultés de connaitre différentes, et dont l'une est la caractéristique même de l'humanité ; il aurait dû rechercher également ce que désignent, dans la langue usuelle de tous les peuples et de tous les philosophes, les mots "raison" et "entendement". Après cet examen, sans autre autorité que les expressions scolastiques *intellectus theoreticus, intellectus practicus*, – qui ont d'ailleurs un tout autre sens, – jamais il n'eût scindé la raison en raison théorétique et raison pratique, jamais il n'eût fait de cette dernière la source de toute action vertueuse. Avant de faire une distinction si minutieuse entre les concepts de l'entendement, d'une part, – sous lesquels il comprend tantôt les catégories, tantôt la totalité des concepts généraux, – et, d'autre part, les concepts de la raison, – qu'il nomme les idées de la raison ; avant de faire des uns et des autres la matière de la philosophie, laquelle ne traite la plupart du temps que de la valeur, de l'emploi et de l'origine de tous ces concepts ; avant cela, dis-je, il eût fallu rechercher avec exactitude ce qu'était, dans son acception générale, un concept. Mais une recherche si nécessaire a été malheureusement tout à fait négligée ; et cette omission n'a pas peu contribué à la confusion irrémédiable entre la connaissance intuitive et la connaissance abstraite, confusion sur laquelle je vais bientôt insister. – Kant n'avait point suffisamment réfléchi ; voilà pourquoi il a escamoté des questions telles que celles-ci : qu'est-ce que l'intuition ? qu'est-ce que la réflexion ? qu'est-ce que le concept ? qu'est-ce que la raison ? qu'est-ce que l'entendement ? C'est aussi le même manque de réflexion qui lui a fait négliger les recherches suivantes, non moins indispensables, non moins nécessaires : quel est l'objet que je distingue de la représentation ? qu'est-ce que l'existence ? l'objet ? le sujet ? la vérité ? l'apparence ? l'erreur ? – Mais il ne réfléchit ni ne regarde autour de lui ; il poursuit le développement de son schéma logique et symétrique. Il faut, bon gré mal gré, que le tableau des concepts soit la clef de toute science.

7. CONTRADICTION ENTRE LA PREMIÈRE ÉDITION DE LA CRITIQUE DE LA RAISON PURE ET LES SUIVANTES.
ERREUR DE REMONTER À LA CHOSE EN SOI PAR LE PRINCIPE DE CAUSALITÉ.

Plus haut, j'ai signalé comme le service capital rendu par Kant la distinction du phénomène et de la chose en soi ; il a proclamé que tout le monde sensible n'est qu'apparence, et par suite il a ôté aux lois du monde sensible toute valeur, dès qu'elles dépassent l'expérience. Mais voici une chose vraiment singulière : pour démontrer cette existence purement relative du phénomène, il n'a pas eu recours à l'axiome si simple, si rapproché de nous, si indéniable que voici : "Point d'objet sans sujet" ; par ce moyen il eût remonté à la racine de la question, il eût démontré que l'objet n'existe jamais que par rapport à un sujet ; il eût prouvé par suite que l'objet est dépendant du sujet, conditionné par lui, c'est-à-dire qu'il est un simple phénomène n'existant point en soi, ni d'une manière inconditionnée. Berkeley, dont Kant méconnaît les services, avait déjà pris ce principe capital comme pierre angulaire de sa philosophie, et par le fait il s'était acquis un titre de gloire impérissable ; mais il n'a pas su tirer de ce principe toutes les conséquences qu'il entraînait, et, de plus, il lui est arrivé ou de n'être point compris ou de n'être pas suffisamment étudié. Dans ma première édition, j'avais attribué à une horreur manifeste pour l'idéalisme radical le silence de Kant au sujet de ce principe de Berkeley ; pourtant, d'un autre côté, je trouvais la même doctrine clairement exprimée en maint passage de la *Critique de la raison pure* ; et je croyais, par suite, avoir surpris Kant en contradiction avec lui-même. Du reste, ce reproche était fondé, pour qui ne connaît la *Critique de la raison pure*, – et c'était mon cas, – que d'après la seconde édition ou d'après les cinq suivantes, conformes à la seconde. Mais lorsque, plus tard, je lus le chef-d'œuvre de Kant dans la première édition, – qui déjà se faisait rare, – je vis, à ma grande joie, toute contradiction s'évanouir : sans doute, Kant n'avait pas employé la formule : "Point d'objet sans sujet" ; mais il n'en était pas moins tout aussi décidé que Berkeley et que moi à réduire le monde extérieur situé dans l'espace et dans le temps à une simple représentation du sujet connaissant ; ainsi il dit par exemple, sans aucune réserve : "Si je fais abstraction du sujet pensant, tout le monde des corps s'évanouit, puisqu'il n'est rien autre chose que le phénomène de cette faculté subjective qu'on appelle sensibilité, un des modes de représentations du sujet qui connaît" (*Critique de la raison pure*, p. 383). Mais tout le passage (p. 348-392) dans lequel Kant exposait d'une manière si belle et si nette son idéalisme radical a été supprimé par lui dans la seconde édition, et même remplacé par une foule de propositions qui le contredisent. Ainsi, tel qu'il parut de 1787 à 1838, le texte de la *Critique de la raison pure* était un texte dénaturé et corrompu ; la *Critique* se contredisait elle-même, et pour cette raison la signification n'en pouvait être à personne tout à fait claire, ni tout à fait intelligible. Dans une lettre à M. le professeur Rosenkranz, j'ai exposé en détail cette question, ainsi que mes conjectures sur les raisons et sur les faiblesses qui ont pu pousser Kant à altérer ainsi son œuvre immortelle ; M. le professeur Rosenkranz a introduit le passage capital de ma lettre dans la préface du second volume de son édition des *Œuvres complètes* de Kant : j'y renvoie le lecteur. En 1838, à la suite de mes observations, M. le professeur Rosenkranz s'est trouvé porté à rétablir la *Critique de la raison pure* dans sa forme primitive ; dans ce second volume que je viens de citer, il la fit réimprimer conformément à l'édition de 1781 ; et il a, par le fait, mérité de la philosophie plus qu'on ne saurait dire, il a même arraché à la mort, qui l'attendait peut-être, l'œuvre la plus importante de la littérature allemande : c'est un service qu'il ne faut pas oublier. Mais que personne ne se figure connaître la *Critique de la raison pure*, ni avoir une idée claire de la doctrine de Kant, s'il n'a lu la *Critique* que dans la seconde édition ou dans une des suivantes ; cela est absolument impossible, car il n'a lu qu'un texte tronqué, corrompu, dans une certaine mesure apocryphe. C'est mon devoir de me prononcer là-dessus clairement, et pour l'édification de chacun.

Nous avons vu avec quelle clarté le point de vue idéaliste radical se trouve exprimé dans la première édition de la *Critique de la raison pure* ; pourtant la manière dont Kant introduit la chose en soi se trouve en contradiction indéniable avec ce point de vue, et c'est là sans doute la raison principale pour laquelle il a supprimé dans la seconde édition le passage idéaliste fort important que nous avons cité ; il se déclarait en même temps l'adversaire de l'idéalisme de Berkeley, et par là même il n'introduisait dans son œuvre que des inconséquences, sans arriver à remédier au défaut principal. Ce défaut est, comme chacun sait, d'avoir introduit la chose en soi, ainsi qu'il l'a fait ; dans son *Œnésidème*, G.-E. Schulze a prouvé amplement que cette introduction de la chose en soi était inadmissible ; d'ailleurs elle n'a pas tardé à être considérée comme le point vulnérable du système. La chose peut se démontrer à peu de frais. Kant a beau s'en cacher par toute espèce de détours : il fonde l'hypothèse de la chose en soi sur le raisonnement suivant où il invoque la loi de causalité : à savoir que l'intuition empirique, ou plus exactement sa source, c'est-à-dire l'impression produite dans les organes de nos sens, doit avoir une cause extérieure. Or, d'après la découverte si juste de Kant lui-même, la loi de causalité nous est connue *a priori*, elle est une fonction de notre intellect, ce qui revient à dire qu'elle a une origine subjective ; bien plus, l'impression sensible elle-même, à laquelle nous appliquons ici la loi de causalité, est incontestablement subjective ; enfin l'espace, où, grâce à l'application de la loi de causalité, nous situons, en la nommant objet, la cause de notre impression, l'espace lui aussi n'est qu'une forme de notre intellect, donnée *a priori*, c'est-à-dire subjective. Ainsi, toute l'intuition empirique repose exclusivement sur une base subjective ; elle n'est qu'un *processus*, qui se déroule en nous-mêmes ; il nous est impossible d'élever à la dignité de chose en soi ou de proclamer existant, à titre d'hypothèse nécessaire, aucun objet radicalement différent et indépendant de cette intuition empirique. En réalité, l'intuition empirique est et demeure uniquement notre simple représentation : elle est le monde comme représentation. Pour ce qui est de l'être en soi du monde, nous n'y pouvons atteindre que par une méthode tout à fait différente, celle que j'ai employée : il faut pour cela invoquer le témoignage de la conscience qui nous fait voir dans la volonté l'être en soi de notre phénomène particulier ; mais alors la chose en soi devient quelque chose qui diffère du tout au tout (*toto genere*) de la représentation et de ses éléments ; c'est du reste ce que j'ai exposé.

L'erreur que commit Kant sur ce point est le vice capital de son système : elle fut, ainsi que je l'ai dit, signalée de bonne heure. Cette erreur est une confirmation du beau proverbe hindou : "Point de lotus sans tige". La tige, autrement dit l'erreur, c'est ici d'avoir introduit la chose en soi par une déduction fautive ; mais Kant ne s'est trompé que dans la manière dont il a opéré sa déduction ; on n'a point à lui reprocher d'avoir reconnu dans l'expérience donnée une chose en soi. Cette dernière méprise était réservée à Fichte ; d'ailleurs il ne pouvait l'éviter, car il ne travaillait point pour la vérité, il n'avait souci que de la galerie et de ses intérêts personnels. Il fut assez effronté et assez étourdi pour nier complètement la chose en soi et pour édifier un système dans lequel ce n'était point seulement, comme chez Kant, la forme, mais encore la matière et tout le contenu de la représentation qui étaient tirés a priori du sujet. Ce faisant, il avait, – et à juste titre, – confiance dans le manque de jugement et dans la niaiserie d'un public qui acceptait, pour des démonstrations, de mauvais sophismes, de simples tours de passe-passe et des billevesées invraisemblables. Il réussit ainsi à détourner de Kant l'attention générale pour l'attirer sur lui, et à donner à la philosophie allemande une nouvelle direction ; dans la suite, cette direction fut reprise par Schelling, qui alla plus loin encore ; elle fut enfin poussée à l'extrême par Hegel, dont la profondeur apparente n'est qu'un abîme d'absurdités.

À présent je reviens au grand défaut de Kant, défaut que j'ai déjà signalé plus haut : il n'a point distingué, comme il devait le faire, la connaissance intuitive et la connaissance abstraite ; or il est résulté de là une confusion irrémédiable, que nous nous proposons actuellement d'étudier de plus près. Kant aurait dû nettement séparer les représentations intuitives des concepts pensés d'une manière purement abstraite ; en agissant ainsi, il ne les aurait point confondus les uns avec les autres, et, chaque fois, il aurait su à laquelle des deux sortes de représentations il avait affaire. Malheureusement tel n'est point le cas, je n'hésite pas à le déclarer, bien que cette critique n'ait pas encore été positivement formulée, et bien qu'elle risque de paraître inattendue. Kant parle sans cesse d'un certain *"objet de l'expérience"* qui est le contenu naturel des catégories ; or cet *"objet de l'expérience"* n'est point la représentation intuitive, il n'est pas non plus le concept abstrait, il diffère des deux, et, malgré tout, il est en même temps l'un et l'autre ; ou, pour mieux dire, c'est un pur non-sens. Car, – il faut bien le dire, si incroyable que cela paraisse, – Kant a manqué, dans cette circonstance, soit de réflexion, soit de bonne volonté ; il devait sur ce point tirer au clair pour lui-même ses propres idées, puis les exposer nettement aux autres ; il devait nous dire si ce qu'il appelle "objet de l'expérience, c'est-à-dire objet de la connaissance réalisée grâce à l'intervention des catégories", était la représentation intuitive dans l'espace et dans le temps (c'est-à-dire ma première classe de représentation), ou bien le simple concept. Il se contente d'un bout à l'autre, – chose singulière, – d'une notion intermédiaire et flottante ; et c'est de là que résulte la confusion malheureuse, que je dois maintenant mettre en pleine lumière. Pour arriver à ce but, il faut parcourir d'un coup d'œil général toute la *Théorie élémentaire de la raison pure.*

8. Vérité profonde de l'esthétique transcendantale.
Vices de l'analytique transcendantale.
Confusion établie par Kant entre la connaissance intuitive et la connaissance abstraite ; ses contradictions relativement au rôle des catégories.
Ce qu'il appelle "l'objet de la représentation".
Kant a trop cédé au besoin de symétrie : il a conçu les douze concepts purs de l'analytique sur le modèle des deux formes pures de l'esthétique. — La seule fonction véritable de l'entendement est la causalité.

L'*Esthétique transcendantale* est une œuvre tellement précieuse qu'à elle seule elle eût suffi pour immortaliser le nom de Kant. Les démonstrations y sont si parfaitement probantes que je n'hésite point à mettre les propositions qui s'y trouvent au nombre des vérités irréfutables ; d'ailleurs elles sont entre toutes riches de conséquences, et elles constituent par suite ce qu'il y a de plus rare au monde, je veux dire une véritable et grande découverte métaphysique. Il est un fait rigoureusement démontré par Kant, à savoir qu'une partie de nos connaissances nous est connue *a priori* ; or, ce fait n'admet d'autre explication que celle-ci : les connaissances de cette nature sont les formes de notre intellect ; et encore cela est moins une explication qu'une expression fort nette du fait lui-même. En effet, l'expression *a priori* signifie simplement "une connaissance qui ne nous est point acquise par la voie de l'expérience, autrement dit qui ne nous est point venue du dehors". Mais ce qui, sans être venu du dehors, n'en est pas moins présent dans notre intellect, c'est ce qui appartient originairement à cet intellect, c'est ce qui en fait, à proprement parler, l'essence. Ainsi ce qui est donné avec l'intellect lui-même, c'est la manière générale dont tous les objets doivent se présenter à lui, autrement dit ce n'est autre chose que les formes de la connaissance de l'intellect, c'est-à-dire la manière, – déterminée une fois pour toutes, – dont il accomplit sa fonction de connaître. "Connaissances *a priori*" et "formes originales de l'intellect" ne sont donc au fond que deux expressions pour une même chose, c'est-à-dire, dans une certaine mesure, deux synonymes.

Aux doctrines de l'*Esthétique transcendantale*, je ne vois rien à retrancher ; mais je voudrais y ajouter une chose, une seule. Kant en effet n'est point allé jusqu'au bout de sa pensée, en ne rejetant pas toute la méthode de démonstration selon Euclide, alors qu'il avait dit que toute connaissance géométrique tirait de l'intuition son évidence (p. 87 ; 5ᵉ éd. p. 103). Voici à ce propos un fait tout à fait singulier : c'est un des adversaires de Kant, le plus profond de tous, il est vrai, G.-E. Schulze (*Kritik der theorelischen Philosophie*, II, 241), qui observe que la doctrine de Kant aurait pu introduire dans la méthode de la géométrie une révolution complète et renverser la géométrie actuellement en usage ; Schulze croyait avoir ainsi trouvé un argument apagogique contre Kant ; en réalité c'était simplement à la méthode d'Euclide qu'il déclarait la guerre sans le savoir. Qu'on se reporte ici au § XV du présent ouvrage.

L'esthétique transcendantale contient une étude détaillée des formes générales de l'intuition ; mais, à la suite de cette exposition, l'on voudrait encore quelques éclaircissements sur le contenu de ces formes, sur la façon dont l'intuition empirique se présente à notre conscience et dont se produit en nous la connaissance de tout cet univers si réel et si considérable à nos yeux. Mais, sur ce point, la doctrine de Kant tout entière ne contient rien de plus explicite que la formule suivante, d'ailleurs dépourvue de sens : "La partie empirique de l'intuition nous est donnée par le dehors". – Voilà pourquoi, d'un seul bond, Kant passe des formes pures de l'intuition à la pensée, à la logique transcendantale. Dès le début de cette nouvelle étude, ne pouvant s'empêcher de traiter la matière et le contenu de l'intuition empirique, Kant fait son premier faux pas ; il commet le πρωτον ψευδος : "Notre connaissance, dit-il, a deux sources, la réceptivité des impressions et la spontanéité des concepts ; la première est la faculté de recevoir des représentations, la seconde celle de connaître un objet grâce à ces représentations ; par la première l'objet nous est donné, par la seconde nous le pensons." (p. 50 ; 5ᵉ éd., p. 74) – Cela est faux ; car, à ce compte, l'impression pour laquelle nous n'avons qu'une simple réceptivité, l'impression qui nous vient du dehors et qui, à proprement parler, est le seul facteur donné, serait déjà une représentation et même un objet. Pourtant il n'y a là rien de plus qu'une simple sensation dans un organe sensoriel ; et il faut que notre intellect fasse intervenir l'entendement, – c'est-à-dire la loi de causalité, – plus l'espace et le temps, formes de l'intuition, pour transformer cette simple sensation en une représentation, laquelle désormais existe dans l'espace et dans le temps à titre d'objet ; elle ne diffère de l'objet qu'en tant que celui-ci est considéré comme chose en soi, autrement elle lui est identique. J'ai exposé en détail tout ce *processus* dans mon traité du *Principe de raison (Dissertation sur la quadruple racine du principe de raison suffisante, § 21)*. Mais, une fois que l'intellect est intervenu, toute la fonction de l'entendement et de la connaissance intuitive se trouve remplie, et il n'y a besoin ni de concept, ni de pensée : aussi l'animal lui-même est-il capable d'avoir de telles représentations. Si nous introduisons les concepts et la pensée (laquelle, sans doute, comporte le caractère de la spontanéité), alors nous abandonnons complètement la connaissance intuitive ; une classe de représentations tout à fait différente, composée des concepts non intuitifs, des concepts abstraits, fait son entrée dans la conscience ; c'est là l'activité de la raison, laquelle pourtant tire tout le contenu de sa pensée uniquement de l'intuition qui précède cette pensée, et de la comparaison de cette intuition avec d'autres intuitions et d'autres concepts. Mais, de la sorte, Kant fait intervenir la pensée dans l'intuition, et il prépare ainsi la confusion irrémédiable de la connaissance intuitive et de la connaissance abstraite, confusion que je cherche ici à signaler. Il déclare que l'intuition, prise en soi, n'a aucun des caractères de l'entendement, qu'elle est purement sensible, par suite tout à fait passive, et qu'il ne faut rien moins que la pensée (les catégories de l'entendement) pour qu'un objet puisse être conçu ; c'est ainsi qu'il fait *intervenir la pensée dans l'intuition*. Mais alors l'objet de la pensée redevient un objet particulier, réel ; et par le fait la pensée perd son caractère essentiel de généralité et d'abstraction ; au lieu de concepts généraux, elle a pour objets des choses particulières, et ainsi *l'intuition est amenée à son tour à intervenir dans la pensée*. C'est de là que résulte la confusion irrémédiable dont j'ai parlé, et les suites de ce premier faux pas se font sentir dans toute la théorie kantienne de la connaissance. Dans tout le cours de cette théorie se continue la confusion complète entre la représentation intuitive et la représentation abstraite ; cette confusion aboutit à une notion intermédiaire que Kant nous déclare être l'objet de la connaissance réalisée par l'entendement et ses catégories, – il donne à cette connaissance le nom d'expérience. Il est difficile de croire que pour Kant lui-même cet objet de l'entendement correspondît à une notion tout à fait précise et véritablement claire : je vais maintenant démontrer effectivement que non, en invoquant la contradiction énorme qui se prolonge dans toute la *Logique transcendantale* et qui est la véritable cause de l'obscurité répandue sur toute cette partie de l'ouvrage.

En effet, dans la *Critique de la raison pure* (p. 67-69; 5e éd., p. 92-94. – p. 89-90 ; 5e éd., p. 122-123. Plus loin, 5e éd., p. 135, 139, 153), Kant répète et répète avec insistance que l'entendement n'est point une faculté d'intuition, que sa connaissance est non pas intuitive, mais discursive ; que l'entendement est la faculté de formuler des jugements (p. 69 ; 5e éd., p. 94), et qu'un jugement est une connaissance indirecte, la représentation d'une représentation (p. 68 ; 5e éd., p. 93) ; que l'entendement est la faculté de penser, et que penser c'est connaître par concepts (p. 69 ; 5e éd., p. 94) ; que les catégories de l'entendement ne sont en aucune façon les conditions sous lesquelles les objets sont donnés dans l'intuition (p. 89 ; 5e éd., p. 122), et que l'intuition n'a nullement besoin des fonctions de la pensée (p. 91 ; 5e éd., p. 123) ; que notre entendement ne peut avoir que des pensées, non des intuitions (p. 135 ; 5e éd., p. 139). Ailleurs, dans les *Prolégomènes (§ 20)*, il dit que l'intuition, que la perception (*perceptio*) n'appartiennent qu'aux sens et que la faculté de formuler des jugements appartient exclusivement à l'entendement ; dans le même ouvrage (§ 22) il dit que la fonction des sens est d'avoir des intuitions, et que celle de l'entendement est de penser, c'est-à-dire de formuler des jugements. – Enfin, il dit encore, dans la *Critique de la raison pratique* : "L'entendement est discursif ; ses représentations sont des pensées, non des intuitions (4e éd., p. 247 ; éd. Rosenkranz, p. 281)". Ce sont là les propres paroles de Kant.

La conséquence, c'est que le monde intuitif existerait pour nous, même si nous n'avions pas d'entendement, que ce monde pénètre dans notre conscience d'une manière tout à fait inexplicable ; c'est justement ce que Kant exprime par sa stupéfiante proposition : "l'intuition est donnée", sans donner de cette formule vague et figurée une plus ample explication.

Mais tout ce que nous venons de citer est en contradiction des plus flagrantes avec tout le reste de sa théorie sur l'entendement, sur les catégories de l'entendement et sur la possibilité de l'expérience dans la *Logique transcendantale*. Ainsi, toujours d'après la *Critique de la raison pure*, l'entendement, par ses catégories, apporte l'unité dans la multiplicité de l'intuition, et les concepts purs de l'entendement viennent s'appliquer *a priori* aux objets de l'intuition (p. 79 ; 5ᵉ éd., p. 105). Les catégories sont "la condition de l'expérience, aussi bien de l'intuition que de la pensée qu'on y remarque (p. 94 ; 5ᵉ éd., p. 126)".

L'entendement est l'auteur de l'expérience (5ᵉ éd., p. 127). Les catégories déterminent l'intuition des objets (5ᵉ éd., p. 128). Tout ce que nous nous représentons comme uni dans l'objet a été d'abord uni par une opération de l'entendement (5ᵉ éd., p. 130) ; or l'objet est à n'en pas douter quelque chose d'intuitif, tout à fait exempt d'abstraction. Plus loin (5ᵉ éd., p. 135), l'entendement est encore défini la faculté d'unir *a priori* et de grouper la multiplicité des représentations données sous l'unité de l'aperception ; or, d'après l'usage universel de la langue, l'aperception ne consiste pas à penser un concept : qui dit aperception dit intuition. À la page suivante (5ᵉ éd., p. 130) nous trouvons même un principe général établissant la possibilité pour toute intuition d'être élaborée par l'entendement. Plus loin (5ᵉ éd., p. 143) c'est une épigraphe qui nous déclare que toute intuition sensible est conditionnée par les catégories. Précisément au même endroit, il est dit que la fonction logique des jugements consiste à grouper la multiplicité des intuitions données sous une aperception unique ; la multiplicité d'une intuition donnée vient nécessairement se ranger sous les catégories. L'unité est introduite dans l'intuition par le moyen des catégories, grâce à l'entendement (5ᵉ éd., p. 144). L'activité de l'entendement reçoit une définition étrange ; c'est lui qui introduit dans la multiplicité de l'intuition la synthèse, l'union et l'ordre (5ᵉ éd., p. 145). L'expérience n'est possible que grâce aux catégories et elle consiste dans la liaison que l'on met entre les perceptions (5ᵉ éd., p. 161) ; or les perceptions ne sont à coup sûr pas autre chose que des intuitions. Les catégories sont les connaissances générales *a priori* que l'on peut avoir sur les objets de l'intuition (5ᵉ éd., p. 159). – En cet endroit même et un peu plus loin (5ᵉ éd., p. 163, 165), Kant expose cette idée importante que la nature n'est rendue possible que grâce à l'entendement qui prescrit à la nature ses lois *a priori* suivant lesquelles celle-ci se dirige. Or la nature est chose intuitive entre toutes, nullement abstraite ; par suite, l'entendement devrait être une faculté d'intuition. Les concepts de l'entendement, dit-il encore, sont les principes de la possibilité de l'expérience, et l'expérience peut être définie d'une manière générale le fait de disposer des phénomènes dans l'espace et dans le temps (5ᵉ éd., p. 168) ; or les phénomènes ont incontestablement leur existence dans l'intuition. Je cite enfin la longue démonstration (p. 189-211 ; 5ᵉ éd., p. 232, 265) dont j'ai montré en détail l'exactitude dans mon traité sur le *Principe de raison (Dissertation sur la quadruple racine du principe de raison suffisante, § 23)*. Selon Kant, la succession objective, et aussi la coexistence des éléments de l'expérience, n'est point perçue par les sens ; c'est l'entendement seul qui l'introduit dans la nature et qui par le fait est le premier auteur de la possibilité de la nature. Or la nature, qui est une suite d'événements et une coexistence d'états différents, est chose purement intuitive, loin d'être une idée purement abstraite.

Je défie tous ceux qui partagent le respect que j'ai pour Kant de concilier ces contradictions et de prouver que la pensée kantienne ait été tout à fait claire et précise dans la théorie sur l'objet de l'expérience et sur la manière dont elle est déterminée, grâce à l'activité de l'entendement et de ses douze fonctions. La contradiction que j'ai signalée, – contradiction qui se prolonge dans toute la *Logique transcendantale*, – est, j'en suis convaincu, la véritable cause de la grande obscurité répandue dans toute cette partie de l'exposition. Kant avait une vague conscience de cette contradiction contre laquelle il luttait dans son for intérieur ; mais il ne voulait ou ne pouvait point en prendre une claire conscience, il essayait de la cacher à lui-même et aux autres, et il recourait, pour la dissimuler, à toute espèce de faux-fuyants. Telle est peut-être la raison pour laquelle il nous présente la faculté de connaître comme une machine si bizarre, si compliquée, avec des rouages aussi nombreux que les douze catégories, la synthèse transcendantale de l'imagination, et enfin le schématisme des concepts purs de l'entendement. Pourtant, malgré tout cet appareil, Kant n'essaye pas une seule fois d'expliquer l'intuition du monde extérieur, laquelle est pourtant ce qu'il y a de plus important dans notre connaissance ; cette question si pressante est toujours misérablement éludée par la même formule, insignifiante et métaphorique : "L'intuition empirique nous est donnée". Dans un autre passage (5ᵉ éd., p. 145), nous lisons encore que cette intuition empirique est donnée par l'objet ; l'objet doit donc être quelque chose d'autre que l'intuition. Efforçons-nous de pénétrer la pensée intime de Kant, celle qui n'a point été clairement formulée, voici ce que nous trouverons : Un tel objet, – différent de l'intuition, sans être pourtant un concept, – est en réalité pour Kant l'objet propre de l'entendement ; l'hypothèse de cet objet – non susceptible d'être représenté (*Unvorstellbar*) – est même, de l'avis de Kant, la condition nécessaire pour que l'intuition se puisse transformer en expérience. Le fondement dernier de cette croyance de Kant à un objet absolu, un objet qui en soi, c'est-à-dire indépendamment de tout sujet, peut être un objet, doit être cherché dans un préjugé fortement ancré dans l'esprit de Kant et réfractaire à toute investigation critique. Cet objet n'est nullement l'objet qui se présente dans l'intuition ; c'est au contraire un objet que la pensée ajoute par un concept à l'intuition, pour donner à celle-ci un correspondant ; grâce à cette opération, l'intuition devient expérience, elle acquiert sa valeur et sa vérité, autrement dit elle est redevable de l'une et de l'autre à ses rapports avec un concept ; or cela est diamétralement opposé à la démonstration que nous avons faite précédemment, savoir que le concept ne peut tirer sa valeur et sa vérité que de l'intuition. Faire intervenir dans la pensée cet objet qui ne peut être directement représenté dans l'intuition, telle est la fonction propre des catégories. "Ce n'est que par l'intuition que l'objet est donné ; ensuite il est pensé conformément aux catégories (*Critique de la raison pure*, Iʳᵉ éd ., p. 399)." Voici encore un passage de la cinquième édition, qui est particulièrement net : "Maintenant il s'agit de savoir si les concepts *a priori* ne peuvent pas être aussi les conditions suffisantes pour qu'une chose soit pensée à titre d'objet, d'une manière générale, sans avoir été au préalable perçue par l'intuition (5ᵉ éd., p. 125)". Kant répond à cette question par l'affirmative. Ici se laisse voir clairement la source de l'erreur et de la confusion où Kant s'est enveloppé. En effet, l'objet considéré comme tel n'existe jamais que par et dans l'intuition ; or, l'intuition ne peut avoir lieu que par les sens ou, à leur défaut, par l'imagination. Au contraire, ce qui est pensé est toujours un concept général, non intuitif, capable, à titre de notion, de représenter dans tous les cas l'objet auquel il correspond. Mais la relation de la pensée aux objets n'est qu'indirecte, elle se fait par l'intermédiaire des concepts, puisque les objets eux-mêmes sont et restent toujours intuitifs. En effet, notre pensée ne sert nullement à conférer la réalité aux intuitions : ces intuitions ont leur réalité, dans la mesure où elles sont capables de la posséder par elle-même, c'est-à-dire qu'elles ont la réalité empirique ; la pensée sert à réunir dans un même faisceau les parties communes et les résultats des intuitions, afin de pouvoir les conserver et les manier plus commodément. Kant au contraire attribue les objets eux-mêmes à la pensée, afin de mettre par le fait l'expérience et le monde objectif sous la dépendance de l'entendement, sans pourtant admettre que l'entendement puisse être une faculté d'intuition. Sous ce rapport, il sépare complètement l'intuition de la pensée ; mais cependant il considère les choses particulières comme des objets tantôt de l'intuition, tantôt de la pensée. En réalité les choses particulières ne sont objets que de l'intuition ; notre intuition empirique est par elle-même objective, par la raison qu'elle a son origine dans le lien causal. Elle a immédiatement pour objet les choses, et non point des représentations autres que les choses. Les choses particulières sont perçues intuitivement comme telles dans l'entendement et par les sens : l'impression incomplète qu'elles produisent sur nos sens est complétée sur-le-champ par l'imagination. Au contraire, dès que nous passons à la pensée, nous abandonnons les choses particulières et nous avons affaire à des concepts généraux non intuitifs, bien que dans la suite nous appliquions les résultats de notre pensée aux choses particulières. Pénétrons-nous de cette vérité, et nous verrons clairement qu'il est inadmissible que l'intuition des choses ait besoin de l'application des douze catégories par l'entendement pour obtenir une réalité qui appartient déjà aux choses elles-mêmes, et pour devenir d'intuition expérience. Tout au contraire, dans l'intuition même, la réalité empirique et, par conséquent, l'expérience, sont déjà données ; mais l'intuition ne peut avoir lieu que si l'on applique à l'impression sensible l'idée d'enchaînement causal ; or, cette opération est la fonction unique de l'entendement. Par suite, l'intuition est chose réellement intellectuelle, et c'est précisément ce que nie Kant.

Cette idée de Kant que nous critiquons ici ne se trouve pas seulement dans les passages que nous avons cités ; elle est encore exprimée avec une netteté parfaite dans la *Critique du jugement*, dès le commencement de l'ouvrage (§ 23) ; elle l'est également dans les *Fondements métaphysiques des sciences de la nature* (Cf. la remarque annexée à la première définition de la *Phénoménologie*). Mais c'est dans le livre d'un disciple de Kant qu'on la trouve exposée de la manière la plus claire, avec une naïveté que Kant ne s'était point permise sur ce point délicat ; j'ai nommé le *Fondement d'une logique générale* de Kiesewetter (*Grundriss einer allgemeinen*

Logik., 3e éd., part. I, p. 434 et part. II, §§ 52 et 53) ; on en peut dire autant de la *Logique à la manière allemande* de Tieftrunk (*Denklehre in rein deutschem Gewande*). Il y a là un exemple frappant de la manière dont les écrivains sans originalité, disciples de penseurs originaux, jouent, à l'égard des défauts de leur maître, le rôle d'un miroir grossissant. Kant, après avoir adopté la théorie des catégories, ne cesse de se montrer très modéré dans l'exposition ; ses disciples au contraire sont tout à fait intransigeants, et par le fait ils mettent en lumière ce qu'il y a de faux dans cette théorie.

D'après ce que nous avons dit, pour Kant l'objet des catégories n'est point la chose en soi, mais bien ce qui s'en rapproche le plus ; l'objet des catégories, c'est pour Kant l'objet en soi ; c'est un objet qui n'a besoin d'aucun sujet ; c'est une chose particulière qui pourtant n'est point située dans le temps et dans l'espace, parce qu'elle n'est pas intuitive ; c'est l'objet de la pensée, et cependant ce n'est pas un concept abstrait. Ainsi Kant fait en réalité une triple distinction. Il reconnaît : **1°** la représentation ; **2°** l'objet de la représentation ; **3°** la chose en soi. La représentation est du ressort de la sensibilité ; dans la représentation la sensibilité saisit non seulement l'impression, mais aussi les formes pures de l'intuition, l'espace et le temps. L'objet de la représentation est du ressort de l'entendement ; l'entendement l'introduit dans la pensée par le moyen des douze catégories. La chose en soi réside en dehors de toute connaissance possible (cf., pour vérifier cette division, *Critique de la raison pure*, 1ᵉʳ éd., p. 108-109). Mais en réalité la distinction de la représentation, d'une part, et de son objet, d'autre part, n'est point fondée ; c'est ce que Berkeley avait déjà démontré ; c'est ce qui ressort de tout mon enseignement (cf. livre I et partic. Suppléments, chap. 1ᵉʳ) ; c'est aussi ce qui se dégage du point de vue purement idéaliste auquel Kant s'était placé dans la première édition. Si l'on ne voulait point faire rentrer l'objet de la représentation dans la représentation elle-même et l'identifier avec elle, c'était à la chose en soi qu'on devait le ramener : cela dépend, en définitive, du sens que l'on attribue au mot *objet*. En tout cas, il demeure vrai que, si l'on réfléchit avec soin, il est impossible de trouver quelque chose en dehors de la représentation et de la chose en soi. L'introduction abusive de cet élément hybride que Kant appelle objet de la représentation, est la source des erreurs qu'il a commises. Si l'on écarte "l'objet de la représentation", on réfute en même temps la doctrine des catégories considérées comme concepts *a priori* ; les catégories, en effet, ne contribuent en rien à l'intuition, elles ne tirent point leur valeur de la chose en soi ; elles nous servent uniquement à penser les *objets de la représentation* et à transformer par le fait l'intuition en expérience. En réalité, toute intuition empirique est déjà expérience ; or, est empirique toute intuition qui provient d'une impression sensible ; l'entendement, par le moyen de son unique fonction qui est la connaissance de la loi de causalité, rapporte cette impression à la cause, et cette cause se trouve par le fait située, à titre d'objet de l'expérience, dans l'espace et dans le temps qui sont les formes de l'intuition pure ; elle devient un objet matériel, subsistant dans l'espace pendant toute la durée du temps ; mais précisément à ce titre, elle demeure toujours simple représentation, comme l'espace et le temps eux-mêmes. Si nous voulons aller au-delà de la représentation, nous voyons se poser la question de la chose en soi, question à laquelle mon livre, comme toute métaphysique en général, a pour but de répondre. À l'erreur de Kant que nous signalons ici se rattache le défaut suivant, relevé plus haut : il ne fait point la théorie de la genèse de l'intuition empirique ; il nous dit qu'elle est donnée, sans ajouter d'autre explication, et il l'identifie ainsi avec la simple impression sensible ; d'ailleurs il n'attribue à l'intuition sensible que les formes de l'intuition, le temps et l'espace, qu'il comprend tous deux sous la rubrique de sensibilité. Mais ces matériaux ne suffisent pas à constituer une représentation objective ; car la représentation objective exige absolument que l'impression soit rapportée à la cause, autrement dit elle suppose la loi de causalité, l'entendement ; en effet, sans cette condition, l'impression demeure toujours simplement subjective et elle ne projette point l'objet dans l'espace, même si cette forme d'espace lui est concomitante. Mais chez Kant l'entendement ne devait point être employé pour l'intuition ; il devait simplement penser, afin de rester dans le ressort de la *Logique transcendantale*. À ce défaut se rattache encore un autre défaut de Kant ; sans doute il a reconnu avec raison que la loi de causalité était une loi *a priori* ; mais il n'y avait qu'une preuve valable pour le démontrer, savoir la preuve tirée de la possibilité de l'intuition empirique objective elle-même ; or il m'a laissé l'honneur d'inaugurer cette démonstration, et, au lieu de la donner lui-même, il en apporte une qui est ouvertement fausse, ainsi que je l'ai déjà démontré *(Dissertation sur la quadruple racine du principe de raison suffisante, § 23).*

De ce qui précède il ressort clairement que Kant a composé son objet de la représentation avec ce qu'il a enlevé, partie à la représentation, partie à la chose en soi. Pour Kant, l'expérience ne pouvait avoir lieu sans l'intervention des douze fonctions différentes de notre entendement, et il fallait également douze concepts *a priori* pour penser les objets qui n'avaient été d'abord qu'intuitivement perçus ; à ce compte, chaque chose réelle devait avoir comme telle une foule de déterminations ; de ces déterminations, pas plus que de l'espace et du temps, la pensée ne peut en aucune manière faire abstraction, attendu qu'elles sont données *a priori* ; elles appartiennent à titre essentiel à l'essence des choses, et pourtant on ne peut pas les déduire des propriétés de l'espace et du temps. En réalité il n'y a qu'une seule détermination de cette sorte dont on puisse constater l'existence : celle de la causalité. C'est sur elle que repose la matérialité, puisque l'essence de la matière consiste dans l'action et que la matière est purement et simplement causalité (chap. IV des *Suppléments*). Or la matérialité est le seul caractère qui distingue l'objet réel de l'hallucination, laquelle n'est que représentation. En effet, la matière, en tant que persistante, donne à l'objet la persistance dans le temps, du moins la persistance matérielle, alors même que les formes changent conformément à la loi de causalité. Dans l'objet tout le reste n'est que détermination de l'espace et du temps ; quant aux propriétés empiriques, elles se ramènent toutes au genre d'activité de l'objet, autrement dit elles sont des déterminations causales. La causalité entre déjà à titre de condition dans l'intuition empirique ; grâce à elle, l'intuition est du ressort de l'entendement, c'est l'entendement qui rend possible l'intuition ; mais, à part la loi de causalité, l'entendement ne contribue en rien à l'expérience, ni à la possibilité de l'expérience. Sauf ce que nous indiquons ici, le contenu des vieilles ontologies se borne aux rapports des choses entre elles ou avec notre réflexion.

La manière dont Kant expose sa théorie des catégories suffit déjà à prouver que cette théorie est dénuée de fondement. Quelle différence, à ce point de vue, entre l'*Esthétique transcendantale* et l'*Analytique transcendantale* ! Dans la première, quelle clarté, quelle précision, quelle sûreté, quelle solide conviction franchement exprimée, infailliblement communiquée ! Tout y est lumineux, et Kant n'y a pas laissé de recoins obscurs ; il sait ce qu'il veut, et il sait qu'il a raison. Dans la seconde, au contraire, tout est obscur, confus, vague, flottant, incertain ; l'exposition est timide, pleine de restrictions et de renvois à ce qui suit, ou même à des restrictions précédentes. Du reste, toute la seconde et toute la troisième section de la déduction des concepts purs de l'entendement ont été complètement changées dans la seconde édition ; car Kant lui-même les trouvait insuffisantes, et il leur a substitué quelque chose de tout différent, mais qui n'est en aucune façon plus clair. On voit Kant en lutte véritable avec la vérité, à seule fin de faire passer l'opinion à laquelle il s'était arrêté. Dans l'*Esthétique transcendantale*, toutes ses propositions sont démontrées effectivement par des faits de conscience indéniables ; au contraire, dans l'*Analytique transcendantale*, nous ne trouvons, si nous y regardons de près, que des pures affirmations : "cela est ainsi, cela ne peut être autrement ;" et rien de plus. Ici, en un mot, comme partout, l'exposition porte la marque de la pensée qui l'inspire : car le style est la physionomie de l'esprit. – Encore un fait à remarquer : toutes les fois que, pour mieux s'expliquer Kant veut donner un exemple, il prend presque toujours la catégorie de la causalité, et, dans ce cas, l'exemple concorde parfaitement avec son assertion ; c'est précisément parce que la causalité est la forme réelle, mais aussi l'unique forme de l'entendement ; quant aux onze autres catégories, ce sont comme de fausses fenêtres sur une façade. La déduction des catégories, dans la première édition, est plus simple, moins embarrassée que dans la seconde.

Il tâche de démontrer de quelle manière l'entendement, se guidant sur l'intuition fournie par la sensibilité et s'aidant de la pensée des catégories, arrive à constituer l'expérience. Dans le courant de cette démonstration, il répète jusqu'à satiété les expressions de récognition, reproduction, association, appréhension, unité transcendantale de l'aperception, et malgré tout il n'arrive point à la netteté. Mais, chose tout à fait remarquable, il ne touche pas une seule fois dans toute cette étude ce qui doit frapper d'abord tout le monde, je veux dire le rapport de l'impression sensible avec sa cause extérieure. S'il ne voulait point reconnaître l'existence de ce rapport, tout au moins devait-il le nier explicitement ; mais il n'en produit pas même la négation. Il tourne autour de la question sans l'aborder, et tous les kantiens l'ont imité sur ce point. Le motif secret de cette réserve, c'est qu'il met de côté l'enchaînement causal sous le nom de "raison du phénomène (*Grund der Erscheinung*)", afin de s'en servir dans sa fausse déduction de la chose en soi ; d'ailleurs, si l'on admet l'idée d'une relation avec la cause, l'intuition devient intellectuelle, et c'est ce que Kant ne veut pas accorder. En outre, Kant semble avoir craint, s'il admettait l'existence d'un lien causal entre l'impression sensible et l'objet, de transformer par là même l'objet en chose en soi et d'être ramené à l'empirisme de Locke. Mais cette difficulté s'évanouit à la lumière de la réflexion, qui nous montre que la loi de causalité est d'origine subjective, de même que l'impression sensible elle-même, de même aussi que notre propre corps, dans la mesure où il se manifeste dans l'espace, appartiennent au monde des représentations. Mais Kant ne pouvait souscrire à tout cela, parce qu'il avait peur de tomber dans l'idéalisme de Berkeley.

À plusieurs reprises Kant nous donne, comme l'opération essentielle accomplie par l'entendement à l'aide des douze catégories, la *synthèse de la diversité de l'intuition (Die Verbindung des Mannigfaltigen der Anschauung)* ; mais nulle part il n'éclaircit ni il ne montre suffisamment ce qu'est cette diversité de l'intuition, avant que l'entendement en fasse la synthèse. Mais en réalité le temps et l'espace, – l'espace même avec ses trois dimensions, – sont continus, autrement dit toutes leurs parties ne sont point originairement séparées, mais au contraire unies entre elles Or, le temps et l'espace sont les formes universelles de notre intuition ; par conséquent, tout ce qui est représenté ou donné dans le temps et dans l'espace se manifeste originairement comme continu, autrement dit comme uni dans toutes ses parties ; plus n'est besoin désormais de faire intervenir une prétendue synthèse de cette diversité. Ce serait une erreur de faire consister cette synthèse de la pluralité de l'intuition dans l'opération par laquelle, lorsqu'un objet produit sur nos différents sens des impressions diverses, nous rapportons néanmoins ces impressions à un objet unique ; ainsi, quand nous avons l'intuition d'une cloche et que nous reconnaissons un seul et même corps dans ce qui donne à notre œil l'impression du jaune, à nos mains celle du poli et de la dureté, à nos oreilles celles du son. En réalité il ne faut voir là qu'un résultat de la connaissance *a priori* du lien causal ; cette connaissance est la fonction réelle et unique de l'entendement ; grâce à elle, étant données les différentes impressions reçues par les organes de nos différents sens, nous remontons cependant à une cause unique, commune à toutes ces impressions, et cette cause n'est autre que la constitution du corps qui se trouve devant nous, de telle sorte que notre entendement, malgré la diversité et la pluralité des effets, saisit néanmoins l'unité de la cause sous la forme d'un objet un et qui grâce à son unité même se manifeste intuitivement. – Dans le beau résumé qu'il donne de sa doctrine dans la *Critique de la Raison pure* (p.719-726 ; 5ᵉ éd., p. 747-754), Kant définit les catégories d'une manière plus nette peut-être que partout ailleurs : elles sont, dit-il, "la simple règle de la synthèse des données *a posteriori* de la perception". Kant semble concevoir ici le rôle des catégories par analogie avec celui des angles dans la construction des triangles ; car les angles eux aussi nous donnent la règle de combinaison des lignes ; tout au moins, grâce à cette image il nous est possible d'expliquer de notre mieux ce que dit Kant au sujet de la fonction des catégories. La préface des *Fondements métaphysiques de la science de la nature* contient une longue remarque qui nous donne également une définition des catégories ; "les catégories, dit-il, ne sont en rien distinctes des opérations formelles accomplies par l'entendement dans le jugement," sauf sur un seul point ; dans ces dernières, le sujet et le prédicat peuvent en toutes circonstances changer de place entre eux ; puis Kant définit le jugement en général de la manière suivante : "Une opération par laquelle les représentations données commencent à devenir des connaissances relatives à un objet". À ce compte les animaux, qui ne formulent point de jugement, devraient n'avoir aucune connaissance des objets. D'une manière générale, d'après Kant, on ne peut avoir l'intuition des objets ; on en a le concept. Moi, je dis au contraire : les objets n'existent en réalité que par l'intuition, et les concepts ne sont jamais que des abstractions tirées de cette intuition. La pensée abstraite doit donc se guider rigoureusement d'après le monde, tel qu'il nous est livré par l'intuition, puisque c'est uniquement à leur rapport avec le monde intuitif que les concepts doivent leur contenu ; de même, il est inutile d'admettre, pour la formation des concepts, aucune forme déterminée *a priori*, sauf l'aptitude toute générale à la réflexion dont la fonction essentielle est la formation des concepts, autrement dit de représentations abstraites et non intuitives ; ce qui est d'ailleurs l'unique fonction de la raison, ainsi que je l'ai montré dans le premier livre. Voilà pourquoi je veux que, sur les douze catégories, on en jette onze par-dessus bord pour conserver seulement la causalité ; toutefois il faut bien entendre que l'exercice de cette catégorie n'est rien moins que la condition de l'intuition empirique, laquelle par suite n'est point une opération purement sensible, mais bien intellectuelle, et que l'objet ainsi perçu par l'intuition, l'objet de l'expérience ne fait qu'un avec la représentation ; il n'y a que la chose en soi qui ne rentre pas dans cette dernière.

Ayant étudié à diverses reprises et à des époques différentes de ma vie la *Critique de la raison pure*, je me suis fait ou plutôt j'ai reçu de cette étude approfondie des idées arrêtées au sujet de l'origine de la *Logique transcendantale* ; comme je les crois fort utiles à l'intelligence de l'œuvre, je les exprime ici. À lui tout seul, ce simple aperçu, que "l'espace et le temps nous sont connus *a priori*", est une découverte qui suppose une intelligence objective et la plus haute réflexion dont un homme soit capable. Réjoui de cette heureuse trouvaille, Kant a voulu poursuivre plus loin la veine qu'il avait rencontrée : son amour pour la symétrie architectonique fut pour lui le fil directeur. Ayant découvert que l'intuition empirique repose sur une intuition pure *a priori* qui en est la condition, il pensa que les concepts acquis empiriquement, devaient avoir également pour fondement dans notre faculté de connaître certains concepts purs ; la pensée empirique réelle ne devait être possible que grâce à une pensée pure *a priori*, laquelle n'avait par elle-même aucun objet propre, mais devait emprunter ses objets à l'intuition ; en sorte que, si les démonstrations de l'*Esthétique transcendantale* attribuaient un fondement *a priori* aux mathématiques, il devait également y en avoir un autre analogue pour la logique. Et voilà pourquoi l'*Esthétique transcendantale* eut dans la *Logique transcendantale* son pendant symétrique. Désormais Kant ne fut plus libre, il ne se trouva plus dans la condition d'un chercheur désintéressé, d'un observateur des faits de conscience ; il reçut sa direction d'une hypothèse et il poursuivit un but, celui de confirmer son hypothèse par ses découvertes ; après avoir si heureusement inventé l'*Esthétique transcendantale*, il voulait à tout prix surmonter celle-ci d'un second étage, d'une *Logique transcendantale* qui lui fût analogue, c'est-à-dire qui lui répondit symétriquement. Il en vint ainsi au tableau des jugements ; du tableau des jugements, il déduisit du mieux qu'il put celui des catégories, sous la forme d'une théorie de douze concepts *a priori* ; ces concepts étaient la condition sous laquelle nous pensions les choses, de même que tout à l'heure les deux formes de la sensibilité étaient la condition sous laquelle nous les percevions intuitivement ; de cette manière, à la sensibilité pure correspondait désormais un entendement pur ; toujours en suivant la même voie, il fit une remarque qui lui fournit un moyen d'augmenter la probabilité de son système, en recourant au schématisme des concepts purs de l'entendement ; mais par là même son procédé (dont il usait d'ailleurs inconsciemment) se trahit, de la manière la plus évidente. En effet, tandis qu'il s'efforçait de trouver, pour chaque fonction empirique de la faculté de connaître, une fonction *a priori* analogue, il fit la remarque suivante : – entre notre intuition empirique et notre pensée empirique, réalisée dans des concepts abstraits non intuitifs, il y a encore un terme moyen qui intervient sinon toujours, du moins très fréquemment ; de temps à autre, en effet, nous essayons de passer de la pensée abstraite à l'intuition, mais nous ne faisons qu'essayer, et en cela notre but est simplement de nous assurer que notre pensée abstraite n'a point quitté le terrain solide de l'intuition, qu'elle ne s'est point envolée ailleurs, qu'elle n'est point devenu simple échafaudage de mots ; c'est à peu près comme si, marchant dans les ténèbres, de temps en temps, nous touchions le mur de la main pour nous guider. Dans ce cas nous faisons – momentanément et à titre d'essai – un retour à l'intuition ; nous évoquons dans notre imagination une intuition correspondant au concept qui nous occupe ; toutefois cette intuition ne peut jamais être complètement adéquate à ce concept, elle en est simplement un représentant provisoire. Sur ce sujet j'ai déjà dit le nécessaire dans mon essai sur le *Principe de Raison (Dissertation sur la quadruple racine du principe de raison suffisante, § 28).* Par opposition avec les images parfaites de l'imagination, Kant nomme un fantôme passager de cette espèce un *schéma* ; c'est, dit-il, en quelque sorte un monogramme de l'imagination. De là il arrive à la théorie suivante : de même qu'entre la pensée abstraite de nos concepts acquis par l'expérience, et la claire intuition, qui nous vient par les sens, il y a comme intermédiaire un schéma ; de même entre la sensibilité pure – faculté de percevoir intuitivement *a priori* –, et l'entendement pur – faculté de penser *a priori*, qui n'est autre chose que les catégories –, il doit également y avoir des schémas *a priori* analogues, *les schémas des concepts purs de l'entendement* ; ces schémas, Kant les définit un à un comme des monogrammes de l'imagination pure *a priori* et il classe chacun d'eux dans la catégorie qui lui correspond ; cela fait le sujet de l'étonnant chapitre dit *schématisme des concepts purs de l'entendement*, chapitre réputé obscur entre tous, parce que personne jusqu'à présent n'y a pu voir clair ; pourtant cette obscurité s'éclaire si l'on se place, pour le considérer, au point de vue que nous indiquons ici – point de vue du reste d'où l'on découvre mieux que de tout autre la partialité avec laquelle Kant procède et son parti pris de trouver des analogies, des correspondances, des éléments qui obéissent à la symétrie architectonique ; il faut même avouer qu'ici la chose est poussée si loin qu'elle en devient comique. Kant, en effet, se met à chercher des analogies aux schémas empiriques, c'est-à-dire aux représentants imaginatifs de nos concepts réels, ces analogues devant être les schémas des concepts purs *a priori*, soit des catégories, lesquelles sont dénuées de contenu ; et il ne s'aperçoit pas que de tels schémas n'atteignent nullement à leur but. En effet, dans la pensée réelle, dans la pensée empirique, le but des schémas n'est jamais autre que de vérifier le contenu matériel des concepts ; comme les concepts procèdent de l'intuition empirique, nous nous aidons et nous nous orientons dans la pensée abstraite en jetant de temps à autre un regard rapide sur l'intuition dont les concepts sont issus, à seule fin de nous assurer que notre pensée a encore un contenu réel. Or cette opération suppose nécessairement que les concepts qui nous occupent sont originaires de l'intuition ; c'est un simple regard jeté en arrière pour vérifier leur contenu matériel ; en un mot, c'est purement et simplement un remède à notre faiblesse. Mais les concepts *a priori* n'ont comme tels aucun contenu ; il est donc de toute évidence qu'on ne peut faire sur eux aucune opération de ce genre ; en effet, ils ne sont point issus de l'intuition ; ils sont au contraire fournis à celle-ci par nous-mêmes, et c'est de l'intuition qu'ils reçoivent leur contenu ; par conséquent ils n'ont par eux-mêmes aucun contenu auquel on puisse se référer. Je m'étends sur ce point ; car il fait le jour sur le mode intime de formation de la philosophie de Kant. En voici tout le secret : Kant, après son heureuse découverte des deux formes *a priori* de l'intuition, se laisse guider par l'analogie, et pour chaque mode de notre connaissance empirique s'efforce de trouver un mode analogue de connaissance *a priori* ; dans la théorie du schématisme, il finit par étendre ce procédé jusqu'à un fait purement psychologique ; en même temps, l'apparente profondeur et la difficulté de l'exposition servent précisément à faire illusion au lecteur sur le contenu de ces *schémas*, c'est-à-dire à lui cacher qu'ils ne sont qu'une supposition parfaitement indémontrable et purement arbitraire ; quant à celui qui finit par pénétrer le sens d'une pareille exposition, il a eu tant de peine à comprendre, qu'il croit être convaincu. Si au contraire Kant avait conservé ici sa liberté, sa condition de simple observateur, comme lorsqu'il avait découvert les intuitions *a priori*, voici ce qu'il aurait trouvé : ce qui s'ajoute à l'intuition pure de l'espace et du temps, lorsqu'une intuition empirique s'en dégage, c'est d'une part la sensation, d'autre part l'idée de causalité ; cette idée transforme la simple sensation en intuition empirique objective ; aussi ne peut-elle être empruntée à l'intuition ni enseignée par elle ; elle est donnée *a priori*, elle est la forme et la fonction de l'entendement pur, forme et fonction unique, mais tellement féconde par ses effets que toute notre connaissance empirique repose sur elle. – On a souvent dit que la réfutation d'une erreur n'était complète que si l'on en montrait psychologiquement l'origine ; je crois dans ce qui précède, – touchant la doctrine de Kant sur les catégories et sur les schémas, m'être conformé à ce précepte.

9. L'UNITÉ SYNTHÉTIQUE DE L'APERCEPTION : AMBIGUÏTÉ DE CETTE THÉORIE DE KANT.

Après avoir, dans les grandes lignes de sa théorie sur la faculté de représentation, commis tant de graves fautes, Kant arrive à des hypothèses multiples et fort compliquées. Citons entre autres et en première ligne, l'unité synthétique de l'aperception, chose fort singulière, exprimée d'une manière plus singulière encore. "Le *je pense* doit pouvoir accompagner toutes mes représentations." – Doit pouvoir ! – C'est là ce qu'on appelle une énonciation tout à la fois problématique et apodictique ; autrement dit, et pour parler clair, c'est une proposition qui reprend d'une main ce qu'elle donne de l'autre. Quel est en définitive le sens de cette phrase si ambiguë ? Est-ce celui-ci : *Toute représentation est une pensée* ? Non ; heureusement non ; car dans ce cas il n'existerait plus que des concepts abstraits, et surtout il n'y aurait plus d'intuition exempte de réflexion et de volonté ; du même coup serait supprimée la compréhension la plus profonde qu'on puisse avoir de l'essence vraie des choses, c'est-à-dire de leurs Idées, au sens platonicien du mot. Ajoutons que dans ce cas les animaux devraient, de deux choses l'une, ou bien penser comme les hommes ou bien être totalement privés de représentations. – Ou bien Kant aurait-il voulu dire par hasard : *Point d'objet sans sujet* ? Cette vérité serait alors bien mal exprimée, et elle viendrait trop tard. – En résumant les explications de Kant, voici ce que nous trouvons : ce qu'il appelle unité synthétique de l'aperception, c'est en quelque sorte le centre de la sphère de nos représentations, point sans étendue vers lequel convergent tous leurs rayons ; c'est ce que j'appelle le sujet connaissant, le corrélatif de toutes les représentations ; c'est également ce que, dans un autre passage, je décris en détail et caractérise de la manière suivante : le foyer où convergent les rayons de l'activité cérébrale (Voir chap. XXII des *Suppléments*). Pour ne point me répéter, je renvoie le lecteur au passage en question.

10. Kant obéit à cette idée, qu'il entrevoit confusément : que la connaissance abstraite contient en germe toute connaissance intuitive.

Critique du tableau des douze catégories :

— 1. La quantité :

Que les trois catégories de la quantité émanent de la raison, non de l'entendement.

— 2. La qualité :

L'affirmation et la négation dérivent également de la seule raison ; il n'y a pas de jugements indéfinis.

— 3. La relation :

   a) Le jugement hypothétique : il est l'expression abstraite du principe de raison ;

   b) Le jugement catégorique : il n'est que la forme générale de tout jugement ;

   c) Le jugement disjonctif : caractère fictif du concept d'action réciproque.

— 4. La modalité :

Les trois catégories du réel, du possible et du nécessaire ne sont pas des formes originales de l'entendement ; elles se déduisent du principe de raison.

— Conclusion :

Ce qu'il y a d'artificiel dans le système des douze catégories.

Je rejette toute la doctrine des catégories, et je la mets au nombre des hypothèses sans fondement qui, chez Kant, gâtent la théorie de la connaissance ; on le voit assez par la critique que je viens d'en faire, on le voit également par le relevé que j'ai dressé des contradictions de la *Logique transcendantale*, contradictions issues d'une confusion entre la connaissance intuitive et la connaissance abstraite ; j'ai en outre déjà signalé l'absence de toute conception claire et distincte concernant l'essence de l'entendement et de la raison ; en effet dans les écrits de Kant nous n'avons trouvé sur ces deux facultés de l'esprit que des explications incohérentes, mal accordées ensemble, insuffisantes, inexactes. J'ai enfin motivé mon jugement par mes propres définitions de ces deux facultés de l'esprit ; je renvoie sur ce point à mon livre et à ses *Suppléments*, et pour plus de détails au *Traité sur le principe de raison (Dissertation sur la quadruple racine du principe de raison suffisante, §§ 21, 26, 34)* ; les définitions en question sont très précises et très nettes ; elles sont évidemment empruntées à l'étude de notre connaissance, considérée dans son essence ; elles sont enfin pleinement d'accord avec le concept de nos deux facultés cognitives, tel qu'il s'exprime dans le langage usuel et dans les écrits de tous les temps et de tous les peuples, concept auquel d'ailleurs il ne manque rien, sinon d'être tiré au clair. Pour défendre mes définitions contre l'analyse si différente qui se trouve chez Kant, il suffit déjà en grande partie de signaler les défauts de cette exposition. – Malgré tout, pris en soi, ce tableau des jugements, sur lequel Kant fonde sa théorie de sa pensée et même toute sa philosophie, retrouve en somme sa justesse ; par suite je suis obligé de rechercher comment prennent naissance dans notre faculté de connaître ces formes générales de tout jugement ; il faut que je les mette en accord avec une théorie de la connaissance. – Dans cette exposition je donnerai toujours aux concepts *entendement* et *raison* le sens qu'ils doivent avoir en vertu de mes définitions ; je suppose que le lecteur y est déjà suffisamment accoutumé.

Il y a une différence essentielle entre la méthode de Kant et celle que je suis ; Kant part de la connaissance médiate et réfléchie ; moi, *au contraire*, je pars de la connaissance immédiate et intuitive. Il est comme celui qui évalue la hauteur d'une tour d'après son ombre ; moi au contraire je la mesure directement avec le mètre. Aussi pour lui la philosophie est-elle une science tirée des concepts ; pour moi elle est une science qui aboutit à des concepts, dérivée de la connaissance intuitive, source unique de toute évidence ; résumée, fixée dans des concepts généraux. Tout ce monde intuitif qui nous entoure, si multiple de formes, si riche de signification, Kant saute par-dessus et il s'en tient aux formes de la pensée abstraite, ce qui revient au fond, bien qu'il ne le dise nulle part, à l'hypothèse suivante : la réflexion est le décalque de toute intuition ; tout ce qu'il y a d'essentiel dans l'intuition doit être explicitement contenu dans la réflexion, bien que la forme et le dessin en soient fortement raccourcis, et par suite échappent facilement à l'attention. À ce compte, connaître l'essence et les lois de la connaissance abstraite, ce serait avoir en main tous les fils qui mettent en mouvement ce jeu de marionnettes aux bigarrures infinies qu'on appelle le monde intuitif. – Si seulement Kant avait exprimé cette proposition capitale, fondement de sa méthode, s'il était resté fidèlement d'accord avec elle, tout au moins il aurait été amené à nettement distinguer l'intuitif de l'abstrait, et alors nous n'aurions point à lutter chez lui contre des contradictions, des confusions inextricables. Mais à la façon dont il résout son problème, on voit que cette proposition fondamentale, issue de sa méthode, n'a jamais été pour lui que très vague et très flottante ; voilà pourquoi, même après avoir étudié à fond le système de Kant, on est encore réduit à la deviner.

Pour ce qui est de la méthode et de la maxime en question, elles ont beaucoup de bon ; il y a là une vue remarquable. C'est déjà sur le même principe que repose l'essence de toute science ; dans la science en effet nous ne faisons pas autre chose que de résumer la complexité infinie des phénomènes intuitifs en un nombre relativement restreint de concepts abstraits avec lesquels nous organisons un système, destiné à nous permettre de réduire la totalité de ces phénomènes sous la complète dépendance de notre connaissance, d'expliquer le passé et de déterminer l'avenir. Seulement les sciences se partagent entre elles le domaine immense des phénomènes, d'après les classes différentes et multiples de ces mêmes phénomènes. À plus forte raison, c'était une entreprise hardie et heureuse de prendre les concepts en eux-mêmes, faisant abstraction de leur contenu, et d'isoler ce qu'il y a en eux d'essentiel, afin de découvrir les formes de la pensée et de déterminer d'après elles ce qu'il y a d'essentiel dans toute connaissance intuitive, par suite dans le monde en tant que phénomène. Comme d'ailleurs, en raison de la nécessité inhérente à ces formes de la pensée, on les déterminait *a priori*, cette découverte était elle-même d'origine subjective, et elle menait Kant précisément à son but. – Mais alors, avant d'aller plus loin, il aurait fallu rechercher quel est le rapport de la réflexion à la connaissance intuitive, question qui d'ailleurs suppose ce que Kant a négligé d'établir, savoir, une distinction nette entre l'un et l'autre de ces deux termes. Il aurait fallu rechercher également de quelle manière à proprement parler la réflexion reproduit et représente la connaissance intuitive, est-ce d'une façon pure ? ou bien au contraire la connaissance intuitive est-elle déjà altérée et en partie méconnaissable par le seul fait de sa réception sous les formes de la réflexion ? Qu'est-ce qui détermine surtout la forme de la connaissance abstraite et réfléchie ? Est-ce la forme de la connaissance intuitive, ou bien est-ce plutôt une propriété inhérente à la connaissance réfléchie elle-même ? Toujours est-il que les choses qui sont les plus hétérogènes entre elles dans la connaissance intuitive, une fois entrées dans la connaissance réfléchie, perdent leur différence ; et réciproquement bon nombre de différences, perçues dans la connaissance réfléchie, n'ont d'autre origine que le fait même de cette connaissance et ne se rapportent nullement à des différences correspondantes dans la connaissance intuitive. Cette étude aurait eu pour résultat de montrer que la connaissance intuitive, une fois introduite dans la réflexion, subit presque autant d'altérations que les aliments, qui une fois introduits dans l'organisme vivant, sont déterminés par lui à revêtir diverses formes et combinaisons, si bien qu'on ne saurait, en analysant ces combinaisons et formes, reconnaître la constitution première de l'aliment. Cependant la comparaison est un peu trop forte ; mais au moins cette étude eût montré que la réflexion ne se comporte nullement avec la connaissance intuitive comme le miroir de l'eau envers les objets qu'il reflète ; tout au plus reproduit-elle l'intuition comme l'ombre reproduit les objets : elle se contente de rendre certains contours extérieurs, elle unit en une même masse ce qu'il y a de plus complexe, et elle dessine d'un même contour les choses les plus différentes. En un mot il est impossible, en la prenant pour base, de construire d'une manière complète et sûre la forme des choses.

La connaissance réfléchie ou raison n'a qu'une forme fondamentale, le concept abstrait : cette forme est la propriété exclusive de la connaissance réfléchie et, directement, elle ne dépend en rien du monde intuitif ; celui-ci existe tout entier, bien qu'elle soit absente, pour les animaux ; et d'ailleurs il pourrait être tout autre, sans que cette forme, la réflexion, cessât pour cela de lui convenir. Mais le groupement des concepts en jugements a certaines formes déterminées et fixes ; ces formes, trouvées par l'induction, constituent le tableau des jugements. On peut en grande partie les déduire de la connaissance réfléchie elle-même, c'est-à-dire directement de la raison, particulièrement lorsqu'elles se manifestent en vertu des quatre lois de la pensée, appelées par moi *vérités métalogiques*, et en vertu du *dictum de omni et nullo*. Parmi ces formes d'autres s'expliquent par la connaissance intuitive, c'est-à-dire par l'entendement, et c'est justement là une preuve qu'il n'y a nullement lieu de recourir à un aussi grand nombre de formes spéciales de l'entendement ; ces formes sont purement et simplement issues de l'unique fonction de l'entendement, savoir, la connaissance immédiate de la cause et de l'effet. D'autres enfin parmi ces formes naissent de la rencontre et de la réunion de la connaissance réfléchie et de la connaissance intuitive, ou pour mieux dire de la réception de celle-ci sous celle-là. Je vais à présent parcourir en détail les phases du jugement ; et je rapporterai l'origine de chacune d'elles à l'une des sources que j'ai indiquées. Nous avions déjà constaté que dans la déduction des catégories, l'exposition est confuse et contradictoire ; désormais il sera évident que cette déduction est une chose inutile, une hypothèse dénuée de fondement.

1. Ce qu'on appelle *quantité* des jugements vient de l'essence des concepts considérés comme tels ; par suite la quantité repose exclusivement sur la raison, et n'a aucune relation immédiate avec l'entendement ou la connaissance intuitive. – En effet, comme je l'ai expliqué dans le premier livre, c'est une propriété essentielle des concepts pris comme tels, d'avoir un domaine circonscrit, une sphère ; le plus large, le plus indéterminé contient le plus étroit et le plus déterminé ; mais celui-ci à son tour peut être considéré isolément. Cette dernière opération peut se faire, soit en se bornant

à caractériser d'une manière générale le petit concept comme une partie indéterminée du grand, soit encore en distinguant le petit concept d'une manière précise et complète grâce à l'emploi d'un nom particulier. Le jugement qui accomplit cette opération s'appelle dans le premier cas un jugement particulier (*Besonderes Urteil*) ; dans le second, un jugement général (*Allgemeines Urteil*). Voici un exemple : Soit une seule et même partie de la sphère du concept arbre : elle peut être isolée soit par un jugement spécial, soit par un jugement général ; en effet, l'on peut dire, ou bien : "certains arbres portent des noix de galle", ou bien : "tous les chênes portent des noix de galle". – On voit que la différence des deux opérations est très petite ; disons même que, si on peut les distinguer, cela tient à la richesse de la langue. Malgré cela, Kant a prétendu que cette différence est l'indice de deux opérations foncièrement différentes, de deux fonctions, de deux catégories de l'entendement pur, lequel, par ce moyen, détermine *a priori* l'expérience.

L'on peut enfin se servir d'un concept pour arriver par le moyen de ce concept à une représentation déterminée, particulière, intuitive, laquelle, accompagnée de plusieurs autres, a donné lieu à ce concept : cette opération se fait par le jugement particulier (*Einzelnes Urtheil*). Un tel jugement se borne à marquer les limites de la connaissance abstraite et de la connaissance intuitive, du reste il sert de transition pour passer immédiatement à celle-ci : "Cet arbre-ci porte des noix de galle". – Kant a encore fait de cela une catégorie particulière.

Après tout ce que nous avons dit, il n'y a plus lieu de discuter là-dessus.

2. La *qualité* des jugements, elle aussi, réside uniquement dans le domaine de la raison ; elle n'est nullement le reflet (*Abschattung*) d'une loi de l'entendement qui rendrait l'intuition possible ; par suite, il est inutile d'y recourir. La nature des concepts abstraits, laquelle est précisément l'essence de la raison, conçue objectivement, comporte la possibilité d'unir et de séparer leurs sphères (Ce point a été expliqué dans le premier livre) ; et c'est sur cette possibilité que reposent deux lois générales de la pensée qui à leur tour supposent elles-mêmes cette possibilité : ces deux lois sont la loi d'identité et celle de contradiction ; pour moi je leur ai attribué

la *vérité métalogique*, attendu qu'elles émanent *a priori* de la raison et qu'on n'en doit pas chercher l'explication ailleurs. Ces lois exigent que ce qui est uni soit uni, que ce qui est séparé soit séparé ; par suite elles empêchent que ce qui est une fois posé soit enlevé ; donc elles supposent la possibilité de l'union et de la séparation des sphères, c'est-à-dire le jugement. Mais tout cela, quant à la forme, repose uniquement et exclusivement sur la raison ; cette forme n'est point empruntée, comme le contenu des jugements, à la connaissance intuitive de l'entendement ; par suite il est inutile de lui chercher dans la connaissance intuitive aucun corrélatif, aucun analogue. L'intuition, une fois engendrée par et pour l'entendement, est arrivée à la perfection ; elle n'est plus sujette à aucun doute ni à aucune erreur ; l'affirmation et la négation lui sont inconnues ; car elle s'exprime elle-même, et elle n'a point, comme la connaissance abstraite de la raison, toute sa valeur et tout son contenu à la merci de quelque chose d'extérieur ; telle est en effet la loi qu'impose à la connaissance abstraite le principe de raison de la connaissance. Donc l'intuition est purement réalité, toute négation est étrangère à son essence et ne peut être ajoutée à l'intuition que par la réflexion, c'est-à-dire que par le fait la négation demeure, – ici comme partout, dans le domaine de la pensée abstraite.

Aux jugements affirmatifs et négatifs, Kant ajoute encore, faisant revivre les chimères des scolastiques, les jugements infinis ; c'est un bouche-trou subtilement inventé ; mais en réalité une telle classe de jugements ne méritait pas même qu'il en fût question. Bref, c'est encore une fausse fenêtre, comme Kant en a tant fait dans l'intérêt de la symétrie architectonique.

3. Sous le concept très vaste de la relation, Kant a groupé trois espèces de jugements tout à fait différentes ; il nous faut donc, pour en connaître l'origine, les étudier séparément.

a. Le *jugement hypothétique* est l'expression abstraite de la forme la plus générale de toute notre connaissance, le principe de raison. Or ce principe a quatre significations tout à fait différentes ; dans chacune de ces quatre significations, il émane d'une faculté de connaissance différente et il concerne une classe de représentations également différente ; j'ai déjà démontré tout cela en 1813 dans ma *Dissertation sur le principe de raison*. De là il résulte assez clairement que l'origine du jugement hypothétique, cette forme générale de la pensée, ne peut pas être simplement, comme le veut Kant, l'entendement et sa catégorie de la causalité ; car la loi de causalité, qui, d'après mon exposition, est l'unique forme de connaissance de l'entendement pur, la loi de causalité n'est qu'une des expressions du principe de raison lequel comprend toute connaissance pure ou *a priori* ; or le principe de raison, dans chacune de ses quatre significations, a pour expression cette forme hypothétique du jugement. Maintenant nous voyons tout à fait clairement cette vérité, que certaines connaissances ont beau être tout à fait différentes quant à leur origine et à leur signification ; que malgré tout, si on les pense abstraitement par le moyen de la raison, l'on découvre qu'en elles l'union des concepts, les jugements ont une seule et même forme, et que dans cette forme il n'y a plus de distinction à faire ; qu'en un mot, pour établir des différences, il faut retourner à la connaissance intuitive et abandonner tout à fait la connaissance abstraite. Aussi est-ce le contraire de la bonne méthode que celle inaugurée en cette matière par Kant. En quoi consistait-elle en effet ? À se mettre au point de vue de la connaissance abstraite pour découvrir les éléments et les rouages intérieurs de la connaissance intuitive elle-même ! D'ailleurs l'on peut, dans une certaine mesure, considérer tout mon *traité préparatoire sur le principe de raison* comme une étude approfondie de la forme hypothétique du jugement et de sa signification ; je ne m'appesantis donc pas davantage sur cette matière.

b. La forme du *jugement catégorique* n'est pas autre chose que la forme du jugement en général dans le sens le plus exact du mot. En effet, rigoureusement parlant, ce qui s'appelle juger, c'est uniquement penser la liaison ou l'incompatibilité des sphères des concepts : par suite la liaison hypothétique et la liaison disjonctive ne sont point, à proprement parler, des formes particulières de jugement ; en effet, on se borne à les superposer sur des jugements déjà préparés ; mais dans ces jugements la liaison des concepts demeure toujours et nécessairement la liaison catégorique ; les formes hypothétiques et disjonctives servent toutefois à relier les jugements entre eux, puisque la première exprime leur dépendance respective la deuxième leur incompatibilité. Mais les simples concepts n'ont qu'une seule relation entre eux, celle qui s'exprime dans les jugements catégoriques. Si l'on veut déterminer de plus près cette relation, si l'on veut y faire des subdivisions, l'on peut distinguer la pénétration mutuelle et la complète séparation des sphères des concepts, c'est-à-dire l'affirmation et la négation, lesquelles d'ailleurs ont été érigées par Kant en deux catégories particulières sous un titre tout différent, la *qualité*. La pénétration et la séparation se subdivisent à leur tour, selon que les sphères sont pénétrées entièrement par d'autres sphères ou seulement en partie ; ce point de vue constitue la *quantité* des jugements ; de celle-ci Kant a encore fait une classe de catégorie à part. De cette façon il séparait des choses tout à fait voisines, identiques même, je veux dire les nuances presque imperceptibles de la seule relation possible des concepts entre eux. Au contraire il unissait sous la rubrique *relation* des choses fort différentes.

Les jugements catégoriques ont pour principe métalogique l'identité et la contradiction, lois de la pensée. Mais la raison qui donne lieu à l'union des sphères des concepts, qui confère au jugement – c'est-à-dire à cette union – la vérité, cette raison n'est pas du même ordre dans tous les jugements ; selon l'ordre auquel elle appartient, la vérité du jugement peut être logique, empirique, métaphysique ou métalogique ; j'ai du reste expliqué ce point dans mon traité préparatoire (§§ 30, 33) et il est inutile d'y revenir ici. L'on voit par là combien différentes peuvent être les variétés de la connaissance immédiate, bien qu'abstraitement parlant nous nous les représentions toutes comme l'union des sphères de deux concepts, l'un sujet, l'autre prédicat ; l'on voit qu'il est tout à fait impossible d'invoquer, pour correspondre à cette connaissance immédiate et pour la produire, une seule et unique fonction de l'entendement. Voici par exemple les jugements suivants : "L'eau cuit les aliments. – Le sinus est la mesure de l'angle. – La volonté se décide. – L'occupation distrait – La distinction est difficile. –" Ils expriment par la même forme logique les relations les plus diverses : cela nous prouve encore une fois combien il est absurde de vouloir se mettre au point de vue de la connaissance abstraite pour analyser la connaissance immédiate et intuitive. – D'ailleurs une connaissance venue de l'entendement proprement dit, dans le sens que j'attache à ce mot, ne peut donner naissance à un jugement catégorique, si ce n'est à un jugement catégorique exprimant une causalité ; or cela est le cas de tous les jugements qui expriment une qualité physique. En effet, lorsque je dis : "Ce corps est lourd, dur, liquide, vert, acide, alcalin, organique, etc…", cela exprime toujours la manière dont ce corps agit, autrement dit une connaissance qui n'est possible que par l'entendement pur. Or les connaissances de cette espèce ayant été exprimées abstraitement, sous forme de sujet et prédicat, à la manière de plusieurs autres connaissances fort différentes (telles que par exemple la subordination de concepts souverainement abstraits), l'on a transporté les simples rapports des concepts entre eux dans la connaissance intuitive, et l'on s'est figuré que le sujet et le prédicat du jugement devaient avoir dans l'intuition leur corrélatif propre et spécial : la substance et l'accident. Mais je démontrerai plus loin que le concept de substance n'a, en réalité, d'autre contenu que celui du concept de matière. Quant aux accidents, ils correspondent simplement aux différentes espèces d'activité ; par conséquent la prétendue idée de substance et d'accident se réduit à l'idée de cause et d'effet, idée de l'entendement pur. Mais comment, à vrai dire, prend naissance la représentation de la matière ? cette question est traitée en partie dans mon premier livre (1er vol. § IV), puis d'une manière plus étendue dans mon traité sur le *Principe de Raison* (À la fin du § 21, p. 77, 3e édit., p. 82) ; pour le reste, je compte l'étudier de plus près encore, lorsque j'examinerai le principe de permanence de la matière.

c. Les *jugements disjonctifs* ont leur origine dans le principe du tiers exclu, loi de la pensée et vérité métalogique ; par suite ils sont la propriété exclusive de la raison pure et ils n'ont point leur origine dans l'entendement. En déduisant des jugements disjonctifs la catégorie de la communauté (*Gemeinschaft*) ou action réciproque (*Wechselwirkung*), Kant a donné un exemple bien frappant des violences qu'il se permet de temps en temps à l'égard de la vérité, par pur amour de la symétrie architectonique. L'impossibilité de cette déduction a été déjà souvent et à bon droit signalée ; elle a été démontrée par nombre d'arguments ; je renvoie entre autres à la *Critique de la philosophie théorétique*, par G.-E. Schulze et à l'*Épicritique de la philosophie*, par Berg. − Quelle analogie réelle y a-t-il entre la détermination d'un concept mise en lumière par des prédicats qui s'excluent mutuellement, et, d'autre part, l'idée d'action réciproque ? Ces deux termes sont même tout à fait opposés : en effet dans le jugement disjonctif, par le fait seul que l'on pose l'un des deux membres, l'on supprime nécessairement l'autre ; au contraire, lorsque l'on pense deux choses sous la relation d'action réciproque, par le fait seul que l'on pose l'une, l'on pose aussi nécessairement l'autre, et réciproquement. Donc le véritable correspondant logique de l'action réciproque est incontestablement le cercle vicieux ; en effet, dans le cercle vicieux comme dans l'action réciproque, le principe est conséquence et, réciproquement, la conséquence est principe. De même que la logique répudie le cercle vicieux, la métaphysique, elle aussi, doit bannir le concept d'action réciproque. Aussi suis-je tout à fait résolu à démontrer ce qui suit : il n'existe point d'action réciproque au sens propre du mot ; ce concept a beau être – grâce au défaut si commun de précision dans la pensée – d'un usage populaire ; toujours est-il que, si on l'examine de près, on en découvre le vide, la fausseté, le néant. Tout d'abord, que l'on se rappelle ce qu'est la causalité ; je renvoie également, à titre d'éclaircissement, à l'exposition que j'ai faite de la causalité, dans mon traité préparatoire (§ 20), dans mon mémoire sur la *Liberté de la volonté* (Ch. III. pp. 27 et suiv.), et enfin dans le quatrième livre de mes *Suppléments*. La causalité est la loi d'après laquelle les *états* de la matière se déterminent une place dans le temps. Dans la causalité il n'est question que des *états*, c'est-à-dire que des changements, mais non point de la matière, en tant que matière, ni de ce qui demeure sans changer la matière en tant que matière ne rentre point sous la loi de causalité, puisqu'elle ne devient point et qu'elle ne passe point ; par conséquent la causalité ne règne point sur la totalité des choses, comme on le dit communément, mais seulement sur les états de la matière. La loi de causalité n'a rien à faire avec ce qui demeure ; car là où rien ne change, il n'y a pas d'action, il n'y a pas de causalité, il n'y a qu'un état de repos permanent. – Si maintenant cet état vient à changer, de deux choses l'une : ou bien le nouvel état est encore un état permanent, ou bien il ne l'est point ; dans ce cas il en amène aussitôt un troisième, et la nécessité, qui préside à ce changement, est précisément la loi de causalité ; or la loi de causalité, étant une expression du principe de raison, n'a pas besoin de plus ample explication, attendu que le principe de raison est lui-même la source de toute explication, de toute nécessité. De là il résulte clairement que le fait d'être cause et effet se trouve en étroite liaison, en rapport nécessaire avec la succession dans le temps. Que faut-il en effet pour que l'état *A* soit cause et l'état *B* effet ? Il faut que l'état *A* précède dans le temps l'état *B*, que leur succession soit nécessaire et non point contingente, autrement dit qu'elle ne soit pas une simple suite, mais une conséquence. Mais le concept d'action réciproque implique que les deux sont à la fois effet et cause l'un de l'autre ; cela revient à dire que chacun des deux est à la fois antérieur et postérieur à l'autre, ce qui est un non-sens. Deux états simultanés, qui se nécessiteraient l'un l'autre, c'est chose inadmissible. Qu'y a-t-il en effet au fond de ce concept, *deux états nécessairement liés et simultanés* ? En réalité ces deux états n'en font qu'un seul ; pour que cet état dure, il faut, il est vrai, la présence permanente de toutes ses déterminations ; mais sans que parmi ces déterminations il s'agisse ni de changement ni de causalité ; il n'y est que de durée et de repos. Et qu'implique encore notre concept ? Uniquement ceci, à savoir que, si une seule des déterminations de l'état ainsi existant vient à être changée, le nouvel état survenu par ce fait ne peut être durable, qu'il est pour le reste des déterminations de l'état primitif une cause d'altération, et par suite qu'il occasionne lui-même un nouvel et troisième état : toutes choses qui ont lieu purement et simplement d'après la loi de causalité ; il n'y a point là de place pour une nouvelle loi, telle que l'action réciproque.

J'affirme également d'une manière absolue qu'il n'y a pas un seul exemple à citer en faveur du concept d'action réciproque. De tous ceux que l'on pourrait invoquer, les uns se ramènent à un état de repos, où le concept de causalité n'a aucune application, puisqu'il n'a de sens qu'en présence du changement ; les autres se ramènent à une succession alternative d'états périodiquement analogues, se conditionnant entre eux ; or ce dernier cas, lui aussi, peut être parfaitement expliqué par la simple causalité. Voici un exemple de la première série : ce sont les plateaux de la balance amenés au repos par l'égalité de leur poids ; ici il n'y a aucune action, car il n'y a aucun changement : c'est un état de repos ; également partagée de part et d'autre, la pesanteur fait effort, mais elle ne peut manifester sa force par aucun effet, ainsi qu'il arrive dans tout corps appuyé sur son centre de gravité. Sans doute il suffit d'enlever l'un des poids pour donner lieu à un second état, lequel devient aussitôt la cause d'un troisième, à savoir la chute du second plateau ; mais ce fait n'arrive que d'après la simple loi d'effet et de cause, et ne donne lieu à aucune catégorie spéciale de l'entendement non plus qu'à aucune dénomination particulière. Veut-on un exemple de la deuxième série ? En voici un : Pourquoi le feu continue-t-il de brûler ? Parce que la combinaison de l'oxygène avec le combustible est une cause de chaleur ; à son tour cette chaleur devient cause, elle amène le retour de la combinaison. Il y a là tout simplement un enchaînement de causes et d'effets, dont les membres sont analogues alternativement : la combustion A détermine la chaleur effective B ; celle-ci détermine une nouvelle combustion C – c'est-à-dire un nouvel effet qui est analogue à la cause A, bien que numériquement il ne lui soit pas identique ; – la combustion C détermine une nouvelle chaleur D, – laquelle est identique non point à l'effet B, mais à son concept, c'est-à-dire est analogue à l'effet B –, et ainsi indéfiniment. Dans les *Aspects de la nature (2ᵉ éd., vol. II, p. 70)* de Humboldt, je trouve un curieux exemple de ce que, dans la vie commune, on nomme action réciproque. C'est dans une théorie sur les déserts. Dans les déserts de sable, il ne pleut pas, mais il pleut sur les montagnes boisées qui les entourent. Ce n'est point l'attraction, exercée par les montagnes sur les nuages, qui en est cause ; voici comment les choses se passent : la colonne d'air échauffé qui monte de la plaine sablonneuse empêche les bulles de vapeur de se condenser et pousse les nuages sur les hauteurs. Sur la montagne le courant d'air qui s'élève perpendiculairement est plus faible, les nuages s'abaissent et par suite ils tombent en pluie, en raison de la plus grande fraîcheur de l'air. De cette façon le manque de pluie et la stérilité du désert se trouvent, l'un avec l'autre, en relation d'*action réciproque* ; il ne pleut pas parce que la surface sablonneuse échauffée fait rayonner plus de chaleur ; le désert ne devient ni une steppe ni une plaine herbeuse, parce qu'il ne pleut pas. Mais il est évident qu'ici encore nous n'avons affaire, comme dans l'exemple précédent, qu'à une succession de causes et d'effets analogues entre eux périodiquement ; donc il n'y a rien là qui soit absolument différent de la simple causalité. Tout se passe de la même façon dans les oscillations du pendule, dans l'entretien du corps organique par lui-même ; là également chaque état en amène un autre, lequel est spécifiquement identique à l'état qui l'a occasionné, mais en est numériquement différent ; seulement ici la chose est plus compliquée ; car la chaîne se compose non plus de deux sortes de membres, mais d'un très grand nombre de membres d'espèces différentes ; de cette façon les membres analogues ne se reproduisent qu'après insertion d'un très grand nombre de membres différents. Mais ici encore nous n'avons devant les yeux qu'une application de l'unique et simple loi de causalité, laquelle règle la succession des différents états. Il n'y a là rien qui ait besoin pour être conçu d'une fonction nouvelle et spéciale de l'entendement.

Pourtant, on pourrait essayer d'invoquer, en faveur du concept d'action réciproque, l'égalité de l'action et de la réaction. Il faut s'entendre là-dessus ; c'est un point sur lequel j'insiste beaucoup ; dans ma *Dissertation sur le principe de raison*, j'ai démontré en détail en quoi consistait cette égalité ; que la cause et l'effet ne sont point deux corps, mais deux états successifs des corps ; que par suite chacun de ces deux états concerne tous les corps qui sont en jeu ; que par conséquent l'effet, c'est-à-dire l'état nouvellement produit, le choc, par exemple, distribue son influence aux deux corps dans une même mesure ; plus est modifié le corps qui subit le choc, plus l'est aussi celui qui le donne (chacun en raison de sa masse et de sa vitesse). Si l'on veut nommer ce phénomène action réciproque, toute action devient action réciproque et alors l'action réciproque n'est plus un nouveau concept, encore bien moins une nouvelle fonction de l'entendement, mais simplement un synonyme superflu du mot causalité. Du reste, Kant lui-même exprime cette idée ou plutôt la laisse échapper dans les *Fondements métaphysiques des sciences de la nature*, au début de la démonstration du quatrième principe de la mécanique : "toute action extérieure dans le monde, dit-il, est action réciproque". Dès lors, à quoi bon supposer dans l'entendement des fonctions *a priori* différentes pour la causalité simple et pour l'action réciproque ? pourquoi la succession réelle des choses ne serait-elle possible et connaissable que par l'intermédiaire de la causalité, leur existence simultanée que par celui de l'action réciproque ? Car alors, si toute action était action réciproque, la succession serait identique à la simultanéité, par suite tout serait simultané dans le monde. – S'il y avait réellement une action réciproque, le mouvement perpétuel serait possible, et même certain *a priori* ; or chacun affirme qu'il est impossible ; c'est qu'au fond nous sommes tous convaincus qu'il n'y a ni action réciproque ni forme de l'entendement qui y corresponde.

Aristote lui aussi nie l'action réciproque au sens propre du mot ; il fait la remarque suivante : deux choses peuvent être réciproquement causes l'une de l'autre, mais à condition que pour chacune d'elle on entende le mot cause dans un sens différent. Par exemple étant données deux choses, l'une agit sur l'autre comme motif, celle-ci agit sur celle-là comme cause efficiente. C'est ce qu'Aristote exprime en deux passages dans les mêmes termes (*Phys.* lib. II, cap. III : *Métaphys.*, lib. V, cap. II) : Εστι δε τινα και ἀλλήλων αἴτια οἶον τὸ πονεῖν [10] τῆς εὐεξίας και αὕτη τοῦ πονεῖν· ἀλλ' οὐ τὸν αὐτὸν τρόπον ἀλλὰ τὸ μὲν ὡς τέλος τὸ δ' ὡς ἀρχὴ κινήσεως[9].– Il est des choses qui sont mutuellement causes les unes des autres : par exemple l'exercice est cause de la bonne habitude, et celle-ci est cause de l'exercice, mais non dans le même sens ; la bonne habitude est cause finale, l'exercice est cause efficiente." Si de plus il admettait encore une action réciproque proprement dite, il en ferait mention ici, puisqu'il prend soin en deux passages d'énumérer d'une manière complète les sortes de causes qui peuvent se présenter. Dans les *Analytiques* (*Analyt. post.*, lib. II, cap. II), il parle d'un échange circulaire entre les causes et les effets ; mais il ne parle point d'action réciproque.

4. Les catégories de la *modalité* ont sur toutes les autres un grand avantage : ce que chacune d'elles exprime correspond véritablement à la forme du jugement dont on la déduit ; or avec les autres catégories ce n'est presque jamais le cas, attendu que le plus souvent elles sont déduites des formes du jugement de la manière la plus forcée, et la plus arbitraire.

---

[9] Les causes peuvent aussi être réciproques l'exercice, par exemple, est cause de la bonne santé, et la bonne santé l'est de l'exercice; mais avec cette différence, que la bonne santé l'est comme but, et l'exercice, comme principe de mouvement.

Ce sont les concepts du possible, du réel et du nécessaire qui donnent lieu aux jugements problématiques, assertoriques et apodictiques, rien n'est plus vrai. Mais, d'après Kant, ces concepts sont des formes particulières, originales, irréductibles, de l'entendement ; je dis que cela est faux. Loin d'être eux-mêmes originaux, ces concepts procèdent de l'unique forme originale et *a priori* de toute connaissance, je veux dire le principe de raison ; ajoutons que l'idée de nécessité dérive immédiatement de ce principe ; au contraire, c'est seulement après l'application de la réflexion à l'idée de *nécessité* que naissent les concepts de contingence, possibilité, impossibilité, réalité. Ce n'est point une faculté unique de l'esprit qui leur donne naissance ; ils ont, ainsi que nous l'allons voir, leur origine dans un conflit entre la connaissance abstraite et la connaissance intuitive.

J'affirme que les concepts suivants : *être nécessaire* et *être la conséquence d'une raison donnée* sont des termes parfaitement convertibles et identiques. Nous ne pouvons connaître ni même penser aucune chose comme nécessaire, à moins de la considérer comme la conséquence d'une raison donnée ; et à part cette dépendance impliquant que la chose nécessaire est amenée par une autre dont elle est la conséquence infaillible, le concept de nécessité ne contient absolument rien. Le concept naît et subsiste purement et simplement par l'application du principe de raison. Par suite il y a, conformément aux différents aspects de ce principe une nécessité physique (celle qui lie l'effet à la cause), une nécessité logique (qui résulte du principe de raison imposé à la connaissance, et qui se manifeste dans les jugements analytiques, dans les raisonnements etc., (une nécessité mathématique) dérivée de la raison d'être par rapport à l'espace et au temps), et enfin une nécessité pratique ; par cette dernière je n'entends point le fait d'être déterminé par un prétendu impératif catégorique ; je désigne simplement l'action qui survient nécessairement, tel caractère empirique étant donné, sous l'impulsion des motifs ordinaires. Toute nécessité est simplement relative, car elle est subordonnée au principe de raison dont elle émane ; par suite une nécessité absolue est une contradiction. – Pour le reste, je renvoie à ma *Dissertation sur le principe de raison (§ 49)*.

Le terme contradictoirement opposé à la nécessité, c'est-à-dire la négation de la nécessité, est la *contingence*. Le contenu de ce concept est négatif ; en effet, il se borne à ceci : "Absence de toute liaison exprimée par le principe de raison." Aussi le contingent n'est-il jamais que relatif ; il est contingent par rapport à quelque chose qui n'est point sa raison. Toute chose, de quelque espèce qu'elle soit, par exemple toute conjoncture prise dans le monde réel, est toujours à la fois nécessaire et contingente : nécessaire par rapport à la chose unique qui est sa raison d'être ; contingente par rapport à tout le reste. Tout objet en effet se trouve, dans l'espace et dans le temps, en contact avec ce qui n'est point sa cause ; mais c'est là une simple rencontre, ce n'est pas une liaison nécessaire ; de là les mots συμπτωμα, *contingens, contingence, Zufall*. La contingence absolue est aussi inconcevable que la nécessité absolue. Que serait en effet un objet absolument contingent ? Il ne serait avec aucun autre objet en relation de conséquence à principe. L'inconcevabilité d'une contingence absolue correspond justement au contenu du principe de raison négativement exprimé ; et il faudrait violer ce principe pour penser un objet absolument contingent ; dès lors la contingence elle-même n'aurait plus aucun sens, puisque le concept du contingent ne signifie quelque chose que par rapport au principe de raison. Qui dit en effet contingent, dit deux objets qui ne sont point entre eux dans un rapport de cause à effet. Dans la nature, en tant qu'elle est représentation intuitive, tout ce qui arrive est nécessaire ; car chaque chose qui arrive procède de sa cause. Mais si nous considérons une chose particulière par rapport à ce qui n'en est point la cause, nous nous apercevons qu'elle est contingente ; et c'est déjà là faire œuvre de réflexion abstraite. Nous pouvons maintenant, étant donné un objet de la nature, faire complète abstraction de ses relations causales, positive et négative, c'est-à-dire de sa nécessité et de sa contingence ; le genre de connaissance qui résulte de là se trouve compris sous le concept du *réel* ; cette connaissance se borne à considérer l'effet, sans remonter à la cause ; or c'est par rapport à cette dernière que l'effet pourrait être qualifié de nécessaire, et par rapport à tout le reste qu'il pourrait être qualifié de contingent. Tout cela tient, en dernière analyse, à ce que la modalité du jugement exprime le rapport de notre connaissance avec les choses plutôt que la nature objective des choses elles-mêmes. Du reste, comme dans la nature toute chose procède d'une cause, tout ce qui est réel est en même temps nécessaire. Mais, entendons-nous, nécessaire en cet instant du temps, en ce point de l'espace ; car c'est là que se borne la détermination opérée par la loi de causalité. Abandonnons maintenant la nature intuitive pour passer à la pensée abstraite ; nous pouvons, en exerçant notre réflexion, nous représenter toutes les lois de la nature, qui nous sont connues les unes *a priori*, les autres *a posteriori* ; et cette représentation abstraite contient tout ce qui dans la nature existe en un instant quelconque, en un lieu quelconque, abstraction faite de tout lieu et de tout instant déterminés. Dès lors et par une telle réflexion, nous entrons dans le vaste domaine de la *possibilité*. Quant à ce qui ne trouve aucune place dans ce domaine, c'est l'*impossible*. Il est évident que *possibilité* et *impossibilité* n'existent qu'au regard de la réflexion, de la connaissance abstraite de la raison et non au regard de la connaissance intuitive ; toutefois c'est aux formes pures de cette dernière que la raison emprunte la détermination du possible et de l'impossible. Du reste les lois de la nature, qui nous servent de point de départ dans la détermination du possible et de l'impossible, étant connues les unes *a priori*, les autres *a posteriori*, il s'ensuit que la possibilité et l'impossibilité sont tantôt métaphysiques, tantôt purement physiques.

Cette exposition n'avait besoin d'aucune preuve, car elle s'appuie directement sur la connaissance du principe de raison et sur le développement des concepts du nécessaire, du réel et du possible ; d'ailleurs, elle montre suffisamment que Kant n'avait aucune raison d'inventer trois formes spéciales de l'entendement pour chacun de ces trois concepts ; ici encore aucune considération ne l'a arrêté dans le développement de sa symétrie architectonique.

À cela s'ajoute encore une autre faute très grave. Suivant sans doute l'exemple de la philosophie antérieure, il a confondu ensemble les concepts du nécessaire et du contingent. En effet, sur ce point, la philosophie antérieure avait fait un mauvais usage de l'abstraction. Voici comment : il était évident qu'une fois donnée la raison d'une chose, cette chose suit inévitablement, c'est-à-dire qu'elle ne peut pas ne pas être, et qu'elle est nécessaire. Mais on s'en est tenu uniquement à cette dernière détermination et l'on a dit : est nécessaire toute chose qui ne peut être autrement qu'elle n'est et dont le contraire est impossible. Dès lors on perdit de vue la raison et la racine d'une telle nécessité, on ne prit point garde que toute nécessité était, en vertu de cette racine même, relative, et l'on forgea ainsi la fiction tout à fait impossible à penser d'une nécessité absolue, c'est-à-dire d'une chose qui, d'une part, existerait aussi nécessairement que la conséquence découle du principe, mais qui, d'autre part, ne découlerait elle-même d'aucune raison, ne dépendrait de rien ; ce qui est une absurde pétition de principe, en contradiction avec le principe de raison. Puis, partant de cette fiction et prenant exactement le contre-pied de la vérité, on a pris pour contingent tout ce qui est déterminé par une cause ; cela, parce que dans ce genre de nécessité on avait surtout considéré son caractère relatif, et qu'on la comparait avec la nécessité absolue, cette invention en l'air, ce concept contradictoire[10]. Kant, lui aussi, adopte cette détermination absurde du contingent, et il la donne à titre de définition (*Critique de la raison pure*. 5ᵉ éd., pp 289, 292 ;

1ʳᵉ éd., p. 243 ; 5ᵉ éd., p. 301 ; 1ʳᵉ éd., p. 419 ; 5ᵉ éd., p. 447 ; p. 476, p. 488). Il tombe même, à ce sujet, dans les contradictions les plus évidentes ; il dit, à la page 301 : "Tout ce qui est contingent a une cause", et il ajoute : "Est contingent, ce dont le non-être est possible". Mais ce qui a une cause ne peut pas ne pas être, par conséquent est nécessaire. – D'ailleurs, l'origine de cette fausse définition de la nécessité de la contingence se trouve déjà chez Aristote (5ᵉ éd., *De generatione et corruptione*, lib. II, cap. IX-XI) ; il

---

[10] Voyez Christian Wolf : Les idées rationnelles de Dieu, du monde et de l'âme. (Vernünftige Gedanken von Gott, Welt und Seele) §§ 577, 579. — Chose bizarre, Wolf déclare contingent ce qui est nécessité par le principe de raison du devenir, c'est-à-dire les effets des causes ; au contraire, ce qui est nécessité par les autres formes du principe de raison, il le remontait comme nécessaire : tel est le cas pour les conséquences tirées de l'essence ou de la définition, pour les jugements analytiques et aussi pour les vérités mathématiques. Pour expliquer cela, il fait observer que la loi de causalité est seule à donner des séries infinies de raisons, tandis que les autres formes du principe de raison n'en donnent que de finies. Et cependant il n'en est pas ainsi à l'égard des formes du principe de raison qui s'appliquent à l'espace et au temps ; et l'affirmation n'est vraie que du principe de raison de la connaissance logique : mais Wolf faisait rentrer sous ce dernier principe la nécessité mathématique. — Cf. mon traité sur le principe de raison, § 50.

définit le nécessaire ce dont le non-être est impossible ; il oppose au nécessaire ce dont l'être est impossible ; et, entre les deux, il place ce qui peut être et aussi ne pas être, c'est-à-dire ce qui naît et ce qui meurt ; tel est pour lui le contingent. D'après ce qui précède, il est clair que cette définition – comme tant d'autres chez Aristote – vient d'un esprit qui s'en est tenu aux simples concepts, au lieu de remonter au concret, à l'intuitif ; là pourtant est la source de tous les concepts abstraits, là par suite est leur pierre de touche. "Quelque chose dont le non-être est impossible", cela peut se penser, à la rigueur, abstraitement ; mais si nous passons au concret, au réel, à l'intuitif, nous sommes incapables d'asseoir la simple possibilité de cette conception, à moins d'invoquer, comme nous l'avons fait, la conséquence découlant d'un principe donné, conséquence d'ailleurs dont la nécessité n'est jamais que relative et conditionnée.

À cette occasion, j'ajoute encore certaines remarques concernant les concepts de la modalité. Puisque toute nécessité repose sur le principe de raison et est par le fait relative, tous les jugements *apodictiques* sont, originairement et en dernière analyse, *hypothétiques*. Ils ne deviennent *catégoriques* que par l'intervention d'une mineure *assertorique*, c'est-à-dire dans la conclusion d'un raisonnement. Si cette mineure est encore incertaine et si cette incertitude est exprimée, la conclusion devient un jugement problématique.

Ce qui est apodictique d'une manière générale – c'est-à-dire en tant que règle – une loi de la nature par exemple, n'est jamais que problématique par rapport à un cas particulier ; car il faut avant tout, pour que la loi se trouve appliquée, la présence effective de la condition qui fait rentrer ce cas particulier dans la règle en question. La réciproque est vraie. Voici comment : tout fait particulier est, en tant que tel, nécessaire, apodictique, puisque tout changement particulier est nécessité par sa cause ; mais, si l'on exprime le même fait d'une manière générale, il redevient problématique ; car la cause, qui était intervenue, n'était impliquée que dans le cas particulier ; le jugement apodictique, toujours hypothétique, n'exprime jamais que des lois générales, il n'exprime point directement les cas particuliers.

Voici du reste l'explication de ces différences : le possible appartient exclusivement au domaine de la réflexion et n'existe que pour la raison ; le réel appartient exclusivement au domaine de l'intuition et n'existe que pour l'entendement ; le nécessaire appartient à l'un et à l'autre domaine, il existe à la fois pour l'entendement et pour la raison. L'on peut même dire, à proprement parler, que la différence entre nécessaire, réel et possible ne se présente qu'à la pensée abstraite, au point de vue des concepts ; dans le monde réel, les trois termes se confondent en un seul. En effet, tout ce qui arrive, arrive *nécessairement*, puisque tout ce qui arrive, arrive par une cause, laquelle possède, à son tour, sa cause, et ainsi de suite ; la totalité des événements, accomplis dans le monde, grands et petits, constitue un enchaînement unique d'événements nécessaires, étroitement liés. Par conséquent toute chose réelle est en même temps nécessaire, et il n'y a, dans le monde, aucune différence entre réalité et nécessité ; ce qui n'est point arrivé – autrement dit ce qui n'est point devenu réel – n'était pas non plus possible ; les causes, sans lesquelles cet événement imaginaire ne pouvait se produire, ne se sont pas produites elles-mêmes et ne pouvaient se produire dans la grande chaîne des causes ; par conséquent l'événement en question était impossible. Tout événement est donc ou nécessaire ou impossible. Tout cela n'est vrai que du monde empirique et réel, c'est-à-dire de l'ensemble des choses particulières, de tout le particulier considéré comme tel. Considérons au contraire, au moyen de la raison, les choses en général ; concevons-les abstraitement ; dès lors, nécessité, réalité, possibilité deviennent distinctes l'une de l'autre ; tout ce qui est conforme *a priori* aux lois propres de notre intellect, nous le reconnaissons d'une manière générale comme possible ; ce qui correspond aux lois empiriques de la nature, nous le reconnaissons comme possible en ce monde, même si cela n'est point réel ; c'est assez dire que nous faisons ici une distinction entre possible et réel. En soi le réel est toujours nécessaire ; mais il n'est conçu comme tel que par celui qui connaît sa cause ; abstraction faite de la cause, il est et il s'appelle contingent. Cette considération nous donne la clef du problème des possibles (περι δυνατων), agité entre le mégarique Diodore et le stoïcien Chrysippe, exposé d'ailleurs par Cicéron dans le *De Fato*. Diodore soutient l'opinion suivante : "N'a été possible que ce qui devient réel ; tout ce qui est réel est également nécessaire." – Chrysippe dit au contraire : "Il y a beaucoup de choses possibles qui ne deviennent jamais réelles ; car il n'y a que le nécessaire qui devienne possible". – Voici comment nous pouvons éclaircir la question. La réalité est la conclusion d'un raisonnement dont les prémisses sont fournies par la possibilité. Mais il ne suffit pas que la possibilité soit affirmée par la majeure, il faut encore qu'elle le soit par la mineure ; ce n'est que l'accord de la majeure et de la mineure qui constitue la pleine possibilité. La majeure en effet donne abstraitement une possibilité générale, purement théorétique ; mais elle n'implique rien qui soit effectivement possible, c'est-à-dire susceptible de devenir réel. Pour accomplir ce progrès dans le raisonnement, il faut la mineure : la mineure établit la possibilité pour le cas particulier, puisqu'elle fait rentrer ce cas dans la règle générale. De là sort naturellement la réalité. Exemple :

Majeure. Le feu est capable de détruire toute maison (par suite aussi la mienne).

Mineure. Le feu prend à ma maison.

Conclusion. Le feu détruit ma maison.

Toute proposition générale, et par suite toute majeure, ne détermine les choses au point de vue de leur réalité que sous condition, c'est-à-dire hypothétiquement : pour le feu, par exemple, la faculté de détruire a pour condition le fait d'être allumé. Cette condition est donnée comme existante dans la mineure. La majeure, c'est l'artilleur qui charge le canon ; la mineure, c'est celui qui doit approcher la mèche, faute de quoi le coup, c'est-à-dire la conclusion, ne peut être tiré. Cette comparaison peut être appliquée d'une manière générale aux rapports de la possibilité et de la réalité. La conclusion, c'est-à-dire l'expression de la réalité, est toujours une conséquence nécessaire ; donc tout ce qui est réel est également nécessaire ; il y a du reste une autre façon de le prouver, la voici : qui dit nécessaire, dit conséquence d'un principe donné ; dans le monde réel, ce principe est une cause ; donc tout ce qui est réel, est nécessaire. De cette façon nous voyons les concepts de possible, de réel et de nécessaire se confondre ; ce n'est point seulement le réel qui suppose le possible, mais c'est aussi le possible qui suppose le réel. Ce qui les distingue l'un de l'autre, c'est la limitation de notre intellect par la forme du temps ; le temps est l'intermédiaire entre la possibilité et la réalité. Un événement donné se manifeste évidemment comme nécessaire aux yeux de celui qui en connaît toutes les causes ; mais la rencontre de toutes ces causes, différentes entre elles, indépendantes les unes des autres, voilà ce qui nous apparaît comme contingent ; c'est justement l'indépendance de ces causes les unes à l'égard des autres qui constitue le concept de la contingence. Pourtant, chacune de ces causes étant la suite nécessaire de sa propre cause, et ainsi de suite indéfiniment, il est évident que la contingence est une apparence purement subjective, issue de la limitation de l'horizon de notre entendement, non moins subjective que cette ligne d'horizon optique où le ciel touche la terre.

Qui dit nécessité dit conséquence d'une raison donnée ; par suite la nécessité doit se manifester sous une forme différente, selon que l'on a à faire à l'une des quatre expressions du principe de raison ; à chaque forme de la nécessité s'oppose une forme correspondante de possibilité ou impossibilité, laquelle apparaît pour la première fois, dès que l'on applique à l'objet la réflexion abstraite de la raison. Ainsi, aux quatre sortes de nécessités que nous avons citées plus haut s'opposent quatre sortes d'impossibilités, savoir : l'impossibilité physique, l'impossibilité logique, l'impossibilité mathématique, l'impossibilité pratique. Remarquons encore ceci : si l'on se borne complètement au domaine des concepts abstraits, la possibilité est toujours inhérente au concept le plus général, la nécessité au plus restreint, par exemple : "un animal *peut* être poisson, oiseau, amphibie, etc…" – "Un rossignol *doit* être un oiseau, l'oiseau un animal, l'animal un organisme, l'organisme un corps." – Cela tient précisément à ce que la nécessité logique, dont l'expression est le syllogisme, va toujours du général au particulier, et jamais réciproquement. – Au contraire, dans la nature intuitive, – dans les représentations de la première classe –, tout est, à proprement parler, nécessaire, en vertu de la loi de causalité ; il suffit de l'intervention de la réflexion pour que nous puissions concevoir un phénomène intuitif à la fois comme contingent et comme simplement réel ; contingent, par comparaison avec ce qui n'est point la cause de ce phénomène ; simplement réel, par abstraction de tout lien causal. Il n'y a en réalité que cette seule classe de représentations qui donne lieu au concept du réel ; d'ailleurs nous pouvions déjà le savoir par l'origine de l'expression *concept de la causalité*. – Dans la troisième classe de représentation, dans l'intuition mathématique pure, il n'y a, pourvu que l'on se borne strictement à cette classe, exclusivement que la nécessité ; la possibilité n'apparaît ici que par rapport aux concepts de la réflexion, par exemple : "un triangle *peut* être rectangle, équiangle, obtusangle ; il *doit* avoir trois angles dont la somme est égale à deux droits." Ici donc l'on n'arrive à l'idée de possible que par le passage de l'intuitif à l'abstrait.

Après cet exposé, où j'ai invoqué non seulement le premier livre du présent écrit, mais encore ma dissertation sur le *Principe de Raison*, j'espère qu'il n'y aura plus de doutes sur la véritable origine, sur la genèse si complexe de ces formes du jugement dont le *tableau* de Kant nous fournit le catalogue ; l'on verra clairement combien inacceptable et dénuée de tout fondement est l'hypothèse des douze fonctions particulières de l'entendement, inventée pour rendre raison des formes du jugement. Ceci est déjà prouvé par bon nombre de remarques particulières et des plus faciles à faire. N'a-t-il pas fallu par exemple tout l'amour de Kant pour la symétrie, toute sa confiance exagérée dans le fil d'Ariane par lui choisi, pour admettre que les jugements affirmatifs, catégoriques et assertoriques, étaient trois choses si foncièrement différentes que l'on devait pour chacune d'elles recourir à l'existence d'une fonction toute particulière de l'entendement ?

Du reste Kant avait conscience de la faiblesse de sa théorie des catégories, et il le laisse voir ; dans le troisième chapitre de l'analyse des principes (phénomènes et noumènes), il a rayé de la seconde édition plusieurs longs passages qui se trouvaient dans la première (p. 241, 242, 244-6, 248, 253) et qui eussent trop ouvertement mis au jour la faiblesse de la doctrine. Ainsi, par exemple, il dit (p. 241) qu'il n'a pas défini les catégories particulières, que, même s'il l'eut désiré, il ne pouvait les définir, attendu qu'elles ne sont susceptibles d'aucune définition. Sans doute il ne se souvenait plus qu'à la page 82 de la même première édition, il avait dit : "Je m'abstiens à dessein de définir les catégories, bien que je fusse en mesure de mener à bien cette opération". Cette assertion n'était donc – pardon du terme – que pure jactance. Pourtant il a laissé subsister ce dernier passage. Du reste tous les passages, qu'il a eu par la suite la prudence de laisser de côté, le trahissent à tel point que dans la théorie des catégories rien ne se laisse clairement concevoir, et que toute la théorie repose sur des bases sans consistance.

Or ce tableau des catégories doit être, d'après Kant, le fil directeur qui servira de guide à toute recherche métaphysique et même scientifique (*Prolégomènes* § XXXIX). Et en réalité le tableau des catégories n'est pas seulement la base de toute la philosophie kantienne, le modèle où Kant a puisé cette symétrie, qui, ainsi que je l'ai montré, règne dans tout son ouvrage ; le tableau des catégories devient en outre un véritable lit de Procuste où Kant fait rentrer bon gré mal gré toute étude possible ; acte de violence que je vais maintenant étudier d'un peu plus près. Dans une telle conjoncture quels excès ne devait-on pas attendre du *troupeau servile des imitateurs* ! on l'a vu hélas ! La violence consiste en ce que Kant a tout à fait oublié, tout à fait mis de côté le sens exprimé par les rubriques, dites formes des jugements ou catégories ; il s'en est tenu aux mots par lesquels ces rubriques étaient désignées. Les mots en question sont tirés en partie d'Aristote (*Analyt. Priora*, 1, 23 : De la quantité et de la qualité des termes du syllogisme) ; mais ils sont choisis arbitrairement ; en effet, la compréhension des concepts aurait pu être désignée tout aussi bien par un autre mot que par le mot *quantité* ; toutefois celui-ci convient encore mieux à son objet que les autres rubriques des catégories. Évidemment le mot *qualité* a déjà été choisi par pure routine, par habitude d'opposer à la quantité la qualité ; en effet, le terme de "qualité" ne s'applique que d'une manière assez arbitraire à l'affirmation et à la négation. Or Kant, dans chacune des études auxquelles il se livre, place toute quantité, dans le temps et dans l'espace, et toute qualité quelconque des choses (physique, morale, etc...), sous les rubriques de ces deux catégories ; et pourtant entre ces quantités et qualités là, d'une part, et d'autre part, les rubriques des formes du jugement et de la pensée, il n'y a pas le moindre point commun, sauf l'identité toute contingente et tout arbitraire de leur dénomination.

Il faut se rappeler toute la vénération que nous devons à Kant, pour ne point exprimer dans des termes sévères la mauvaise humeur que nous cause ce procédé. – Le tableau physiologique pur des principes généraux des sciences de la nature nous offre encore un exemple analogue. Dans un monde quelconque, qu'y a-t-il de commun entre la quantité des jugements et ce fait que toute intuition a une grandeur extensive ? entre la qualité et ce fait que toute sensation a un degré ? Absolument rien. Si toute intuition a une grandeur extensive, cela tient à ce que l'espace est la forme de notre intuition extérieure. Si toute sensation a un degré, il faut voir là tout simplement une perception empirique et de plus parfaitement subjective, issue de la nature de nos organes sensoriels et explicable par l'étude de ces organes. – Plus loin, dans le tableau qui sert de fondement à la psychologie rationnelle (*Crit. de la raison pure*, p. 344, ou 5ᵉ éd., p. 402), la *simplicité* (*Einfachheit*) se trouve rangée sous la rubrique "qualité" ; pourtant c'est bien là une propriété quantitative, et elle n'est nullement en rapport avec l'affirmation et la négation, telle qu'on les rencontre dans le jugement. Seulement, il fallait que la rubrique "quantité", fût remplie tout entière par l'*unité* de l'âme, laquelle cependant est bien renfermée dans l'idée de simplicité. La modalité est introduite de force et d'une façon dérisoire ; elle consisterait en ce que l'âme se trouve en rapport avec les objets possibles ; or le rapport appartient à la catégorie de relation ; mais celle-ci est occupée déjà par la substance. Puis les quatre idées cosmologiques, qui forment la matière des antinomies, sont ramenées aux rubriques des catégories ; plus loin, lorsque j'étudierai les antinomies, je m'étendrai là-dessus en détail.

Veut-on des exemples plus nombreux et, s'il est possible, plus frappants ? Nous en pouvons prendre dans la *Critique de la raison pratique* au tableau des catégories de la liberté ; dans le premier livre de la *Critique du jugement*, consacré à l'étude du jugement esthétique d'après les quatre rubriques de catégories ; enfin dans les *Fondements métaphysiques des sciences de la nature*, taillés d'un bout à l'autre d'après le tableau des catégories, ce qui peut-être est la cause principale des erreurs qui çà et là déparent cet ouvrage important, plein de justes et d'excellentes remarques. Le lecteur n'a qu'à voir de quelle manière à la fin du premier chapitre, il démontre que l'unité, la pluralité, la totalité des directions des lignes doivent correspondre aux catégories de même nom, lesquelles sont ainsi dénommées d'après la quantité des jugements.

11. Comment Kant a faussement déduit de la catégorie de la subsistance et de l'inhérence le principe de la permanence de la substance. – Retour sur ses erreurs relatives à la distinction entre la connaissance intuitive et l'abstraite.

Le principe de *permanence de la substance* est déduit de la catégorie de la subsistance et de l'inhérence. Or nous ne connaissons cette catégorie que par la forme des jugements catégoriques, c'est-à-dire par la liaison de deux concepts à titre de sujet et d'attribut. L'on voit par suite combien il était arbitraire de mettre un aussi grand principe métaphysique sous la dépendance de cette simple forme purement logique. Mais là aussi c'est le formalisme et la symétrie qui sont causes de tout. La démonstration, qui est donnée ici au sujet de ce principe, laisse complètement de côté la prétendue genèse qui le fait dériver de l'entendement et des catégories ; elle est tirée de l'intuition pure du temps. Malheureusement cette démonstration, elle aussi, est tout à fait inexacte. Il n'est pas vrai que, dans le temps, considéré exclusivement comme tel, il y ait une *simultanéité* et une *durée* ; ces représentations ne prennent naissance du reste que par l'union de l'espace et du temps ; je l'ai déjà montré dans mon *traité sur le Principe de raison* (§ 18), et je l'ai expliqué plus amplement encore dans le premier livre du présent ouvrage (§ 4) ; je suppose connus ces deux éclaircissements, nécessaires à l'intelligence de ce qui suit. Il n'est pas vrai que, dans tout changement, le temps *demeure* ; au contraire le temps est précisément *ce qui passe* ; un temps qui demeure est une contradiction. La démonstration de Kant ne se tient pas debout, à force d'avoir été appuyée sur des sophismes ; il va jusqu'à tomber dans la contradiction la plus manifeste. En effet il commence par déclarer, à tort, que la simultanéité (*Zugleichseyn*) est un mode du temps (p. 177, 5e éd., p. 219) ; puis il dit, fort justement : "La simultanéité n'est pas un mode du temps, puisque dans celui-ci aucune partie n'existe en même temps qu'une autre ; toutes au contraire sont successives" (p. 183, 5e éd., p. 226). – En réalité, l'idée de simultanéité implique celle d'espace tout autant que celle de temps. En effet, si deux choses existent en même temps et cependant ne sont pas identiques, c'est qu'elles sont différentes grâce à l'espace ; si deux états d'une même chose existent en même temps − par exemple l'état lumineux et la température élevée du fer − c'est qu'il y a là deux états simultanés d'une même chose, ce qui suppose la matière, laquelle à son tour suppose l'espace. Rigoureusement parlant, la simultanéité est une détermination négative, indiquant simplement que deux choses ou deux états ne sont point différents par le temps et qu'il faut chercher ailleurs la raison de leur différence. − Toutefois il est incontestable que, chez nous, l'idée de permanence de la substance, c'est-à-dire de matière, repose sur une donnée *a priori* ; car aucun doute ne peut l'atteindre, autrement dit elle n'émane pas de l'expérience. Voici comment j'explique cette idée : le principe de tout devenir et de toute disparition, la loi de causalité, connu par nous *a priori* s'applique uniquement, en vertu de son essence même, aux seuls changements, c'est-à-dire aux états successifs de la matière ; autrement dit la loi de causalité n'affecte que la forme, elle laisse intacte la matière ; par suite la matière existe en notre conscience à titre de fondement universel des choses, affranchi de tout devenir et de toute mort, par suite éternellement vivant et permanent. Si l'on veut, à propos de la permanence de la substance, une démonstration plus approfondie, appuyée sur l'analyse de la représentation intuitive que nous avons du monde empirique, on la trouvera dans mon premier livre (§ 4) ; j'ai montré là que l'être de la matière consiste dans l'union complète de l'espace et du temps, union qui n'est possible que par la représentation de la causalité, c'est-à-dire par l'entendement, qui n'est pas autre chose que le corrélatif subjectif de la causalité ; par suite la matière n'est connue que comme agissante, autrement dit, elle n'est connue qu'à titre de causalité ; chez elle, être et agir, c'est tout un, comme d'ailleurs l'indique déjà en allemand le mot *Wirklichkeit*, signifiant à la fois réalité et activité. Union intime de l'espace et du temps − ou bien causalité, matière, *Wirklichkeit* (réalité et activité) − cela est tout un ; et le corrélatif subjectif de ces termes identiques, c'est l'entendement. La matière doit porter en elle les propriétés opposées des deux facteurs dont elle émane, et c'est à la représentation de la causalité qu'il incombe de supprimer l'antipathie des deux facteurs, de rendre en un mot leur coexistence intelligible pour l'entendement ; la matière existe par l'entendement et pour lui seul ; tout le pouvoir de l'entendement consiste dans la connaissance de la cause et de l'effet ; c'est pour l'entendement que se concilient ensemble dans la matière deux termes des plus différents, je veux dire, d'une part, la fuite sans repos du temps, d'autre part, l'immobilité rigoureuse de l'espace ; le premier de ces termes est représenté dans l'entendement par le changement des accidents, le second par la permanence de la substance. Si en effet la substance passait comme les accidents, le phénomène serait complètement séparé de l'espace et n'appartiendrait plus qu'au temps ; le monde de l'expérience se trouverait supprimé par anéantissement de la matière, par annihilation. – Pour déduire et pour expliquer le principe de permanence de la substance, connu *a priori* par chacun de nous de la manière la plus certaine, il ne fallait point recourir au temps ; surtout il ne fallait point, comme l'a fait Kant, attribuer au temps la permanence, ce qui est un pur contresens admis là pour les besoins de la cause ; il suffisait pour déduire et pour expliquer le principe en question d'invoquer le rôle que joue l'espace dans la matière, c'est-à-dire dans tous les phénomènes de la réalité ; en effet, l'espace est l'opposé, il est en quelque sorte la contrepartie du temps et il n'admet en soi, abstraction faite de son union avec le temps, aucun changement.

Suit maintenant, dans l'ouvrage de Kant, un passage tendant à démontrer que la loi de causalité est nécessaire et *a priori* ; cette démonstration, empruntée à la simple succession des événements – dans le temps, est tout à fait inexacte ; c'est ce que j'ai prouvé en détail dans ma *dissertation sur le Principe de Raison* (§ XXIII) ; aussi, je me contente d'y renvoyer le lecteur[11]. Même observation au sujet de la démonstration de la loi d'action réciproque ; d'ailleurs j'ai été précédemment amené à démontrer que le concept même d'action réciproque ne peut être pensé. Sur la modalité, dont je vais tout à l'heure étudier les principes, j'ai déjà dit ce qui était nécessaire.

---

[11] Comparez avec ma critique de la preuve kantienne les critiques ultérieures de Feder et de A.-F. Schulze. *Feder, Ueber Zeit, Raum und Causalität*, § XXVIII ; G.-H. Schulze, *Kritik der theorelischen Philosophie*, t. II, pp. 422-442 du texte allemand.

J'aurais encore à m'inscrire contre mainte singularité que j'ai remarquée dans la suite de l'analytique transcendantale, si je ne craignais de fatiguer la patience du lecteur, et j'ai confiance dans ses réflexions personnelles pour faire les critiques nécessaires. Mais toujours nous retrouvons dans la *Critique de la Raison pure*, le défaut capital et fondamental de Kant, défaut que j'ai déjà critiqué en détail ; Kant ne distingue point la connaissance abstraite et discursive de la connaissance intuitive. Telle est l'erreur qui répand une obscurité continuelle sur toute la théorie de la faculté cognitive chez Kant ; il en résulte que le lecteur ne peut jamais savoir de quoi il est question exactement ; au lieu de comprendre il se perd sans cesse en conjectures, il cherche à appliquer les paroles de l'auteur tantôt à la pensée, tantôt à l'intuition, et toujours il reste dans le vague.

Ce défaut incroyable de réflexion aveugle Kant sur la nature de la connaissance intuitive et de la connaissance abstraite ; dans le chapitre *"sur la distinction de tous les objets en phénomènes et noumènes"* ; il en arrive, ainsi que je vais le montrer, à l'affirmation monstrueuse suivante : sans la pensée, c'est-à-dire sans concepts abstraits, aucun objet ne peut être connu ; l'intuition, n'étant point pensée, n'est point non plus connaissance ; elle n'est en somme que simple affection de la sensibilité, simple sensation ! Chose encore plus bizarre, il prétend que l'intuition sans concept est tout à fait vide ; mais que le concept sans intuition a cependant encore une valeur propre (p. 253, 5ᵉ éd., p. 309). C'est là justement le contraire de la vérité ; les concepts en effet tiennent toute leur signification, tout leur contenu du rapport qu'ils ont avec la connaissance intuitive ; ils sont tirés, extraits de la connaissance intuitive, autrement dit, ils sont formés par élimination de tout ce qui n'est pas essentiel ; voilà pourquoi, dès qu'on leur ôte l'intuition sur laquelle ils s'appuient, ils deviennent vides et nuls. Les intuitions au contraire ont par elles-mêmes une signification directe et fort importante (c'est même en elle que s'objective la chose en soi) ; elles se représentent elles-mêmes, elles s'expriment elles-mêmes, elles n'ont point un contenu d'emprunt comme les concepts. En effet, le principe de raison ne règne sur elles que comme la loi de causalité, et en cette qualité, il se borne à déterminer leur place dans l'espace et dans le temps ; mais il ne conditionne ni leur contenu ni leur signification, tandis qu'il le fait pour les concepts, car dans ce dernier cas il agit à titre de raison de la connaissance. Pourtant, à cet endroit, l'on pourrait croire que Kant a l'intention d'aborder enfin la distinction entre la représentation intuitive et la représentation abstraite ; il reproche à Leibniz et à Locke d'avoir abusé, l'un des représentations abstraites, l'autre des représentations intuitives. Quant à lui, il ne fait pour son compte aucune distinction. Leibniz et Locke avaient effectivement commis la faute qu'il leur reproche ; mais Kant tombe à son tour dans un défaut qui résume les deux autres : chez lui en effet l'intuitif et l'abstrait sont confondus à tel point qu'il en résulte un monstre hybride, un non-sens, dont il est impossible de se faire aucune représentation, capable tout au plus de troubler ses élèves, de les ahurir et de les faire entrer en lutte les uns avec les autres. Dans le chapitre déjà cité "sur la distinction de tous les objets en phénomènes et noumènes", Kant distingue plus encore que partout ailleurs la pensée et l'intuition ; mais, chez lui, le principe de cette distinction est radicalement faux. Voici un passage caractéristique (*Ibid.*) : "Étant donnée une connaissance empirique, si je fais abstraction de la pensée – de la pensée qui s'exerce par le moyen des catégories –, la connaissance de l'objet n'existe plus ; car par la simple intuition l'on ne pense rien : si une affection de la sensibilité se produit en moi, il ne s'en suit point pour cela que les représentations intuitives ainsi provoquées soient en rapport avec aucun objet". Cette phrase contient pour ainsi dire toutes les erreurs de Kant en raccourci ; nous y voyons que Kant a mal conçu le rapport entre la sensation, l'intuition, d'une part, et d'autre part, la pensée ; par suite l'intuition, dont la forme doit être l'espace, l'espace avec ses trois dimensions, se trouve identifiée avec la simple impression subjective, produite dans les organes sensoriels ; et enfin la connaissance de l'objet n'est réalisée que par la pensée différente de l'intuition. Moi, je dis au contraire : les objets sont, avant tout, objet de l'intuition, non de la pensée ; toute connaissance des objets est, originairement et en soi, intuition ; mais l'intuition n'est nullement une simple sensation ; au contraire c'est déjà dans l'intuition que se montre l'activité de l'entendement. La *pensée*, privilège exclusif de l'homme, la pensée, refusée aux animaux, n'est que simple abstraction, abstraction tirée de l'intuition, elle ne donne aucune connaissance radicalement neuve, elle n'introduit point devant nous des objets qui auparavant n'y étaient point ; elle se borne à changer la forme de la connaissance, de la connaissance qui était déjà commencée grâce à l'intuition ; elle transforme cette connaissance en une connaissance de concepts, en une connaissance abstraite ; par suite la connaissance perd sa qualité intuitive, mais il devient possible de la soumettre à des combinaisons et d'étendre ainsi indéfiniment la sphère de ses applications possibles. Au contraire la *matière* de notre pensée n'est pas autre chose que nos intuitions elles-mêmes ; elle n'est point étrangère à l'intuition ; ce n'est point la pensée qui l'introduit pour la première fois devant nous. Voilà pourquoi la matière de tout ce qu'élabore notre pensée, doit être vérifiée dans l'intuition ; autrement notre pensée serait une pensée vide. Bien que cette matière soit élaborée, métamorphosée de mille manières par la pensée, l'on doit néanmoins pouvoir la dégager et aussi isoler la pensée qui la revêt. C'est comme un lingot d'or que l'on aurait dissous, oxydé, sublimé, amalgamé ; finalement on ne manque jamais de le réduire et on vous le remontre à la fin de l'expérience, identique et intact. Il n'en pourrait être ainsi, si la pensée ajoutait quelque chose à l'objet, si surtout elle lui donnait sa qualité constitutive essentielle.

Le chapitre suivant, sur l'*Amphibolie*, est simplement une critique de la philosophie leibnizienne, et, à ce titre, il est en général exact ; toutefois, dans l'ensemble du plan, Kant n'a qu'un souci : se conformer à la symétrie architectonique qui, ici encore, lui sert de fil directeur. Par analogie avec l'*Organon* d'Aristote, il fait une "topique transcendantale" ; cette *topique* consiste en ceci : l'on doit examiner chaque concept d'après quatre points de vue différents, afin de pouvoir décider à quelle faculté cognitive il ressortit. Ces quatre points de vue sont choisis d'une manière tout à fait arbitraire, et l'on pourrait sans aucun inconvénient en ajouter encore dix autres ; mais le nombre quatre a l'avantage de correspondre aux rubriques des catégories, et par suite, les théories principales de Leibniz se trouvent bon gré mal gré réparties sous quatre rubriques différentes. Par cette critique Kant catalogue, pour ainsi dire, sous l'étiquette "*erreurs naturelles de la raison*" les fausses abstractions, introduites par Leibniz ; (celui-ci en effet, au lieu d'étudier à l'école des grands philosophes de son temps, Spinoza et Locke, préféra nous servir les inventions bizarres dont il était l'auteur). Dans le chapitre de l'*Amphibolie de la réflexion*, Kant dit enfin que si par hasard il existait une sorte d'intuition différente de la nôtre, néanmoins nos catégories seraient encore applicables à cette intuition ; les objets de cette intuition supposée, ajoute-t-il, pourraient être les noumènes, mais les noumènes sont des choses que nous devons nous borner à penser ; or puisque l'intuition, seule capable de donner un sens à une telle pensée, n'est point à notre portée, puisque même elle est tout à fait problématique, l'objet de cette pensée n'est lui-même qu'une possibilité complètement indéterminée. Plus haut j'ai montré, en citant des textes, que Kant, au prix d'une grave contradiction, représente les catégories tantôt comme une condition de la représentation intuitive, tantôt comme une fonction de la pensée purement abstraite. À l'endroit qui nous occupe, les catégories nous sont résolument présentées sous ce dernier aspect, et l'on se trouve fort tenté de croire que Kant veut seulement leur attribuer une pensée discursive. Mais si telle est réellement son opinion, il aurait fallu de toute nécessité que dès le début de la *Logique transcendantale*, avant de spécifier si minutieusement les différentes fonctions de la pensée, il caractérisât la pensée d'une manière générale ; il aurait fallu, par suite, qu'il la distinguât de l'intuition, qu'il montrât quelle connaissance procure l'intuition et enfin quelle connaissance nouvelle vient s'ajouter à la première par le fait de la pensée. Alors on aurait su de quoi il parle ; disons mieux il aurait parlé d'une manière toute autre, traitant en premier lieu de l'intuition, puis ensuite de la pensée ; il n'aurait pas spéculé sans cesse, comme il le fait, sur un intermédiaire entre l'intuition et la pensée, intermédiaire qui est un non-sens. Alors non plus, il n'y aurait pas eu cette grande lacune entre l'*Esthétique transcendantale* et la *Logique transcendantale* ; Kant, en effet, aussitôt après l'exposition de la simple forme de l'intuition, néglige le contenu de l'intuition, c'est-à-dire la totalité de la perception empirique ; il s'en débarrasse au moyen de la formule suivante : "La partie empirique de l'intuition est donnée" ; il ne se demande point comment la perception a lieu, si c'est avec ou sans l'entendement ; il ne fait qu'un saut jusqu'à la pensée abstraite, et encore ne dit-il pas un mot de la pensée en général, il se borne à parler de certaines formes de pensées ; il ne s'inquiète pas non plus de ce que sont la pensée, le concept, le rapport de l'abstrait et du discursif au concret et à l'intuitif ; il néglige de rechercher quelle est la différence entre la connaissance de l'homme et celle de l'animal, quelle est l'essence de la raison.

Cette distinction entre la connaissance abstraite et la connaissance intuitive, que Kant a tout à fait négligée, est précisément celle que les anciens philosophes exprimaient par les mots de *phénomènes* (φαινομενα) et de *Noumènes* (νοουμενα)[12] ; l'opposition et l'incommensurabilité de ces deux termes entre eux leur avait donné maint souci ; qu'on se rappelle les sophismes des Éléates, la théorie des Idées de Platon, la dialectique des Mégariens, et plus tard, du temps de la scolastique, la lutte entre le nominalisme et le réalisme ; – d'ailleurs cette lutte était déjà en germe dans les tendances opposées de l'esprit de Platon et de celui d'Aristote ; mais le germe n'en devait se développer que tardivement. – Kant, par une erreur impardonnable, négligea totalement la chose que les mots phénomène et noumène étaient chargés de désigner ; puis il s'empara de ces mots, comme on fait d'une propriété sans maître, et il s'en servit pour désigner ce qu'il appelle chose en soi et phénomène (*Erscheinungen*).

---

[12] Sext. Empiricus. *Hypotyposes pyrrhoniennes*, lib. I, cap. 13. νοουμενα φαινομενοις αντετιθη Αναξαγορας (Anaxagore opposait les choses intelligibles aux apparences).

12. ESQUISSE D'UN TABLEAU DES CATÉGORIES FONDÉ SUR LA CLASSIFICATION DES PARTIES DU DISCOURS.

J'ai donc été obligé de rejeter la théorie kantienne des catégories, comme Kant lui-même avait rejeté la théorie d'Aristote sur le même sujet ; cependant je veux, à titre d'essai, indiquer ici une nouvelle et troisième méthode pour arriver au but qu'ils se sont proposé. Ce que l'un et l'autre cherchaient sous le nom de catégories, c'étaient les concepts les plus généraux qui dussent nous servir à embrasser toute la diversité – encore si complexe – des choses, et par suite à penser d'une manière souverainement générale tout ce qui s'offre à nous. C'est précisément pour cela que Kant a conçu les catégories comme étant les formes de toute pensée.

La grammaire est à la logique ce qu'est le vêtement au corps. Ces concepts suprêmes, cette base fondamentale de la raison, qui sert de fondement à toute pensée particulière, dont l'application est nécessaire pour mener à bien toute pensée, ces concepts suprêmes, dis-je, ne se réduisent-ils pas en définitive à des concepts qui, en raison de leur généralité extrême, de leur transcendantalité, s'expriment non dans des mots particuliers, mais dans des classes entières de mots ? Tout mot, en effet, quel qu'il soit, se trouve déjà lié à un concept ; par suite ce n'est point dans le vocabulaire, mais plutôt dans la grammaire qu'il faudrait chercher de quoi désigner les concepts en question. Mais comment trouver un principe de classification ? Ne pourrait-on pas choisir à cet effet ces différences particulières des concepts, en vertu desquelles le mot qui les exprime est substantif, adjectif, verbe, adverbe, pronom, préposition ou toute autre particule ? Ne pourrait-on pas, en un mot, fonder une classification sur les parties du discours ? Car il est incontestable que les parties du discours représentent les formes primordiales revêtues par toute pensée, les formes où l'on peut observer directement le mouvement de la pensée ; elles sont les formes essentielles du langage, les éléments fondamentaux de toute langue, et nous ne pouvons concevoir aucune langue qui ne se compose, au moins, de substantifs, d'adjectifs et de verbes. Puis il faudrait subordonner à ces formes essentielles les formes de pensées qui s'expriment par les flexions des formes essentielles, c'est-à-dire par la déclinaison et la conjugaison ; d'ailleurs ces formes de pensées peuvent aussi être indiquées à l'aide de l'article ou du pronom ; mais, en somme, il n'y a point là de quoi faire une distinction. – Toutefois nous voulons examiner la chose encore de plus près et nous poser à nouveau la question : que sont les formes de la pensée ?

1. – La pensée se compose tout entière de jugements ; les jugements sont les fils dont elle est tout entière tissée. En effet, si l'on n'emploie pas un verbe, notre pensée ne bouge point de place ; et dès que l'on fait usage d'un verbe, on forme un jugement.

2. – Tout jugement consiste dans la connaissance d'un rapport entre le sujet et le prédicat ; ce rapport est un rapport de séparation ou de liaison, accompagné de restrictions variées. Le rapport de liaison a lieu :

1° Lorsqu'on reconnaît l'identité effective des deux termes, cette identité ne se présente que dans le cas de deux concepts convertibles entre eux ;

2° Lorsque l'un des deux termes implique toujours l'autre, mais non réciproquement, c'est le cas du jugement universel affirmatif ;

3° Lorsque l'un des deux termes est quelquefois impliqué dans l'autre, c'est le cas du jugement particulier affirmatif. Les jugements négatifs suivent la marche inverse. Ainsi l'on doit trouver dans chaque jugement un sujet, un prédicat et une copule, cette dernière affirmative ou négative ; toutefois il peut se faire qu'il n'y ait pas de mot spécial pour désigner chacun de ces éléments ; d'ailleurs il en est le plus souvent ainsi. Souvent il n'y a qu'un mot pour désigner le prédicat et la copule ; ex. : "Caïus vieillit". Quelquefois il n'y a qu'un mot pour désigner les trois éléments ; ex. : *concurritur*, c'est-à-dire : "les armées en viennent aux mains", "les armées – deviennent – étant aux prises". Cela confirme ce que je disais tout à l'heure ; ce n'est point directement ni immédiatement dans les mots qu'il faut chercher les formes de la pensée, ce n'est pas même dans les parties du discours ; en effet, le même jugement dans des langues différentes et même dans la même langue, peut être exprimé par des mots différents et même par des parties du discours différentes, bien que la pensée reste la même et que par suite sa forme ne change pas ; car la pensée ne pourrait être la même, si la forme de pensée devenait différente. Quant à la tournure grammaticale, elle peut parfaitement être différente, tout en exprimant la même pensée, sous la même forme de pensée ; la tournure grammaticale n'est en effet que le vêtement extérieur de la pensée ; la pensée au contraire est inséparable de la forme. Ainsi, des formes de la pensée, la grammaire n'étudie que le vêtement. Les parties du discours se déduisent des formes de la pensée primordiales, indépendantes de toute langue particulière : exprimer les formes de la pensée avec toutes les modifications qu'elles comportent, telle est leur destination. Elles sont l'instrument des formes de la pensée, elles en sont le vêtement, vêtement si exactement ajusté que l'on peut, sous les parties du discours, reconnaître les formes de la pensée.

3. – Ces formes réelles, inaltérables, primordiales de la pensée, sont exactement celles que Kant énumère dans le *Tableau logique des jugements* ; pourtant, ici encore, il convient de négliger toutes les fausses fenêtres que Kant a dessinées, par amour de la symétrie, par analogie avec le tableau des catégories ; ajoutons encore que l'ordre de son tableau ne vaut rien. Quant à moi, voici comment je dresserais la liste :

a. – QUALITÉ : Affirmation ou négation, c'est-à-dire liaison ou séparation des concepts : deux formes. La qualité dépend de la copule.

b. – QUANTITÉ : Le concept-sujet est considéré en tout ou en partie ; totalité ou pluralité. À la première classe appartiennent également les jugements dont les sujets sont des individus ; qui dit "Socrate" veut dire "tous les Socrate". La quantité n'a donc que deux formes. Elle dépend du sujet.

c. – MODALITÉ : elle a trois formes. Elle détermine la qualité, à titre de chose nécessaire, réelle ou contingente. Par conséquent elle dépend de la copule. Ces trois formes de pensée émanent des lois de contradiction et d'identité, lois de la pensée. Mais du principe de raison et du principe du tiers exclu procède la :

d. – RELATION. Elle ne se présente que lorsqu'on porte un jugement sur des jugements déjà formulés ; voici donc uniquement en quoi elle consiste : tantôt elle affirme la dépendance d'un jugement au regard d'un autre, ou bien de plusieurs jugements au regard de plusieurs autres ; dans ce cas elle les unit par un jugement *hypothétique* ; tantôt elle affirme que des jugements s'excluent entre eux ; dans ce cas elle les sépare par un jugement *disjonctif*. La relation dépend de la copule qui sépare ou unit les jugements déjà formulés.

Les parties du discours et les formes grammaticales sont des expressions des trois éléments du jugement, je veux dire du sujet, du prédicat et de la copule ; elles expriment également les rapports qui peuvent exister entre ces éléments, les formes de la pensée telles que nous venons de les énumérer, plus les déterminations et modifications particulières de ces formes. Substantif, adjectif et verbe, tels sont donc les éléments essentiels du langage ; aussi doivent-ils se rencontrer dans toutes les langues. Toutefois on pourrait concevoir une langue dans laquelle l'adjectif et le verbe seraient toujours fondus ensemble, ce qui d'ailleurs arrive fréquemment dans toutes les langues. L'on pourrait dire provisoirement : à l'expression du sujet sont destinés le substantif, l'article, le pronom ; à l'expression du prédicat, sont destinés l'adjectif, l'adverbe, la préposition ; à l'expression de la copule correspond le verbe ; – tous les verbes à l'exception du verbe *être* contiennent déjà en eux un prédicat. – Quant au mécanisme exact qui régit l'expression des formes de la pensée, c'est à la philosophie de la grammaire de l'enseigner, de même que c'est à la logique d'enseigner les opérations que l'on accomplit avec ces mêmes formes.

Remarque. Pour prévenir toute méprise et aussi pour éclairer ce qui précède, il faut que je parle de l'ouvrage de S. Stern, le *Fondement provisoire de la philosophie des langues (Vorläüfige Grundlagezur Sprachphilosophie,* 1835), où l'auteur essaie de construire les catégories au moyen des formes grammaticales. C'est une tentative tout à fait manquée ; il a totalement confondu la pensée avec l'intuition. Des formes grammaticales, il prétend déduire non point les catégories de la pensée, mais les prétendues catégories de l'intuition, par suite il met les formes grammaticales en rapport direct avec l'intuition. Il commet la grave erreur de croire que la langue se rapporte directement à l'intuition, tandis qu'en réalité elle se rapporte uniquement à la pensée, aux concepts abstraits ; elle ne se rapporte à l'intuition que par l'intermédiaire des concepts ; or les concepts se comportent à l'égard de l'intuition de manière à la transformer totalement. Les choses qui existent dans l'intuition, autrement dit, les rapports issus du temps et de l'espace, sont, à coup sûr, objets de la pensée ; par suite il doit y avoir, dans la langue, des formes pour les exprimer ; toutefois on ne les exprime qu'abstraitement, à titre de concepts. Les matériaux sur lesquels la pensée opère immédiatement, ce sont les concepts, rien que les concepts ; c'est à eux seuls que se rapportent les formes de la logique, car jamais elles ne se rapportent directement à l'intuition. Dans les jugements, l'intuition ne fournit que la vérité matérielle, jamais la vérité formelle, cette dernière se détermine uniquement d'après les règles dialectiques.

13. CRITIQUE DE LA LOGIQUE TRANSCENDANTALE.
DÉFINITION DE LA RAISON PAR KANT ; DE CE PRÉTENDU PRINCIPE, QUE L'INCONDITIONNÉ EST IMPLIQUÉ DANS LA SÉRIE DES CONDITIONS D'UN CONDITIONNÉ QUELCONQUE : EN RÉALITÉ, CHAQUE CONDITIONNÉ N'IMPLIQUE QUE LA CONDITION IMMÉDIATEMENT ANTÉCÉDENTE. DES TROIS INCONDITIONNÉS OU IDÉES DE KANT : LE MOI, LE MONDE ET DIEU.

Je reviens à la philosophie kantienne et je passe à la *Dialectique transcendantale*. Kant commence par définir la raison, − faculté qui doit jouer le rôle principal dans cette partie de son ouvrage, puisque jusqu'ici c'étaient la sensibilité et l'entendement qu'il avait mis en vedette. À propos des différentes définitions de la raison d'après Kant, j'ai déjà parlé plus haut de celle qu'il donne ici : "La raison est la faculté des principes". Par là il déclare que toutes les connaissances *a priori* étudiées jusqu'ici, celles qui fondent la possibilité des mathématiques pures et celles qui fondent la possibilité des sciences naturelles pures, nous donnent non pas des principes, mais de simples règles ; car elles procèdent d'intuitions et de formes de la connaissance, non de simples concepts ; or il faut qu'une connaissance procède de simples concepts pour qu'elle soit un principe. Ainsi, pour Kant, une connaissance de ce genre doit se composer de simples concepts et cependant être synthétique. − En fait, cela est radicalement impossible. Les simples concepts ne peuvent donner naissance qu'à des jugements analytiques. Si l'on unit des concepts tout à la fois synthétiquement et *a priori*, cette union ne peut être effectuée que par l'intermédiaire d'un troisième terme, grâce à une intuition pure de la possibilité formelle de l'expérience ; de même, les jugements synthétiques *a posteriori* sont unis par l'intermédiaire de l'intuition empirique. J'en conclus qu'un jugement synthétique *a priori* ne peut jamais procéder de simples concepts. Mais en somme, nous ne connaissons *a priori* que le principe de raison dans ses différentes expressions ; par suite, en fait de jugements synthétiques *a priori*, ne sont possibles que ceux qui procèdent de ce qui fournit un contenu à ce principe. Puis, Kant nous présente un prétendu principe de la raison, approprié du reste aux besoins de la cause ; mais il ne nous présente que celui-là, lequel d'ailleurs engendre ultérieurement d'autres conséquences. Ce principe est celui que Wolf établit et explique dans sa *Cosmologie* (Sect. I, c. II, § 93) et dans son *Ontologie* (§ 178). Nous avons vu plus haut que, dans le chapitre de l'*Amphibolie*, Kant prenait les sophismes de Leibniz pour des erreurs naturelles et nécessaires de la raison et qu'il les critiquait en conséquence ; le même fait se reproduit exactement ici, à propos des sophismes de Wolf. Kant expose ce principe de la raison ; mais on ne fait que l'entrevoir à travers le brouillard ; car l'exposition est obscure, vague et incomplète (p. 307 ; 5ᵉ éd., pp 371 et 322 ; 5ᵉ éd., p. 378). Voici le principe, clairement formulé cette fois : "Lorsque le conditionné est donné, par le fait la totalité de ses conditions est également donnée, autrement dit l'inconditionné, – qui seul peut rendre complète la totalité des conditions –, est donné." Le principe est précieux ; et chacun sera intimement convaincu qu'il est vrai, si l'on se représente les conditions et le conditionné comme les chaînons d'une chaîne verticale, dont l'extrémité supérieure ne nous serait point visible en sorte qu'elle pourrait se prolonger à l'infini ; or la chaîne ne tombe pas, elle reste suspendue ; donc il doit y avoir plus haut un premier chaînon, et ce chaînon doit être attaché quelque part. Ou plus brièvement : à cette chaîne de causes, qui nous invite à remonter à l'infini, il est bon que la raison fixe un point d'attache ; cela la met à l'aise. Mais quittons les images et examinons le principe en luimême. Il est incontestablement synthétique ; car, étant donné le concept du conditionné, l'on n'en peut retirer analytiquement qu'un seul concept, celui de la condition. De plus, ce principe n'a aucune vérité *a priori* ; *a posteriori*, il n'en a pas non plus ; mais il se pare très artificieusement d'une apparence de vérité ; voyons comment il s'y prend pour cela. Nous possédons directement et *a priori* les connaissances exprimées par le principe de raison sous sa quadruple forme. C'est à ces connaissances immédiates que l'on emprunte toutes les énonciations abstraites du principe de raison ; par suite ces énonciations elles-mêmes, et *a fortiori* leurs conséquences ne sont que des connaissances indirectes. J'ai déjà expliqué plus haut de quelle manière la connaissance abstraite unit souvent sous une seule forme ou sous un seul concept des connaissances intuitives fort complexes, et les unit de telle sorte qu'il est désormais impossible de les distinguer ; la connaissance abstraite est donc à la connaissance intuitive ce qu'est l'ombre aux objets réels ; l'ombre en effet reproduit à grands traits la complexité des choses et l'enveloppe d'un contour simple qui, en quelque sorte, la résume. Notre prétendu principe de la raison utilise cette ombre. Il ne s'agit de rien moins que de tirer du principe de raison, et cela par voie de conséquence, l'inconditionné, lequel est avec lui en contradiction formelle ; pour arriver néanmoins au but, notre principe abandonne prudemment la connaissance directe et intuitive du contenu du principe de raison, telle qu'elle s'offre à nous dans ses expressions particulières ; il se sert uniquement de concepts abstraits qui sont tirés de ces expressions particulières et qui tiennent d'elles leur valeur et leur signification ; de cette façon il introduit subrepticement son inconditionné dans la vaste sphère de ces concepts.

Le procédé apparaît de la manière la plus claire, lorsqu'on le met sous forme dialectique ; ainsi par exemple : "Si le conditionné existe, sa condition, elle aussi, doit être donnée, donnée tout entière, donnée complètement ; autrement dit, la totalité des conditions doit être donnée ; et, si ces conditions forment une série, cette série tout entière doit être donnée avec son commencement, c'est-à-dire avec l'inconditionné." – Dans ce raisonnement je relève déjà une erreur : il n'est pas vrai que les conditions d'un conditionné constituent, à ce titre, une série. Au contraire la totalité des conditions d'un conditionné doit être contenue dans sa raison la plus prochaine, dans la raison dont il procède directement et qui par là même est sa *raison suffisante*. Tel est, par exemple, le cas des différentes déterminations d'un état qui constitue lui-même une cause ; toutes ces déterminations doivent s'accomplir concurremment, avant que l'effet ne se produise. Mais cela ne nous conduit point à l'idée d'une série, telle que, par exemple, la chaîne des causes ; pour qu'il y ait série, il faut que ce qui tout à l'heure était condition soit à son tour considéré comme conditionné ; il faut, autrement dit, que l'on recommence à nouveau l'opération tout entière ; il faut que le principe de raison, avec ses exigences, intervienne une seconde fois. À proprement parler, pour un conditionné, il ne peut pas y avoir une série successive de conditions, de conditions existant simplement à titre de conditions et ne servant qu'à expliquer le dernier conditionné. En réalité, la série est toujours une série alternative de conditionnés et de conditions ; chaque fois que l'on a remonté un chaînon, la chaîne se trouve interrompue et les exigences du principe de raison sont complètement satisfaites ; puis la chaîne recommence dès que l'on considère la condition comme un conditionné. Ainsi le principe de raison suffisante exige uniquement que la condition prochaine soit complète ; jamais il n'exige qu'il y ait une série de conditions ni que cette série soit complète. Toutefois le concept d'une condition complète n'indiquant point si les éléments de la condition doivent être simultanés ou successifs, l'on a décidé arbitrairement qu'ils devaient être successifs ; voilà comment on s'est figuré qu'une série complète de conditions successives était chose nécessaire. Par une pure abstraction, par une convention arbitraire, la série des causes et des effets a été considérée simplement comme une série de causes, déterminées par l'unique nécessité d'expliquer le dernier effet et de lui fournir une raison suffisante. J'invite le lecteur à y regarder de plus près, à réfléchir davantage, à quitter la généralité vague de l'abstraction pour descendre aux réalités particulières et précises ; il verra dès lors que les exigences de la raison suffisante se bornent à ceci : les déterminations de la cause prochaine doivent être complètes ; mais il n'est point question d'une série complète. Les exigences du principe de raison sont parfaitement satisfaites, dès que, pour un conditionné quelconque, la raison suffisante lui est donnée. Elles se renouvellent aussitôt que cette raison est à son tour considérée comme une conséquence ; jamais pourtant il ne réclame directement une série de raisons. Mais si, au lieu de considérer les choses en elles-mêmes, l'on se renferme dans les concepts abstraits, toutes ces nuances s'effacent ; de cette manière, l'on prend facilement une chaîne alternative de causes et d'effets, de raisons logiques et de conséquences, pour une chaîne exclusivement composée de causes et de raisons aboutissant en définitive à un effet ; l'on part de ce principe, juste d'ailleurs, "pour qu'une raison soit suffisante, il faut que les conditions dont elle se compose soient complètes" ; puis on conclut, ainsi que nous l'avons vu, de la manière suivante : "il existe une série complète, exclusivement composée de raisons, lesquelles n'existent que pour expliquer la conséquence dernière". Voilà comment le principe abstrait de la raison parvient à s'imposer effrontément, lui et l'inconditionné, sa prétendue conséquence. Pour en découvrir la nullité, il n'y avait pas besoin d'une critique de la raison pure, faite au moyen des antinomies et de leur solution ; il suffisait d'une critique de la raison, entendue dans le sens de ma définition, autrement dit il suffisait de rechercher le rapport de la connaissance abstraite avec la connaissance directement intuitive ; pour cela il aurait fallu quitter les généralités vagues de la connaissance abstraite et se placer sur le terrain ferme et précis de la connaissance intuitive. Ainsi entendue, la critique de la raison nous apprend que l'essence de cette faculté ne consiste nullement dans la recherche de l'inconditionné ; en effet, la raison elle-même, sitôt qu'elle agit avec la plénitude de sa réflexion, ne peut manquer de s'apercevoir que l'inconditionné est un pur néant. La raison, en tant que faculté de cognition, n'a jamais affaire en définitive qu'à des objets ; or tout ce qui est objet pour un sujet se trouve nécessairement et irrévocablement sous la puissance et dans le domaine du principe de raison, tant *a priori* qu'*a posteriori*. La valeur du principe de raison repose sur la forme même de la conscience, et cela est tellement vrai qu'on ne peut se représenter rien d'objectif sans qu'aussitôt une question se pose, celle du pourquoi ; par suite il n'y a pas, absolument parlant, d'absolu qui puisse nous servir d'oreiller. Tel ou tel philosophe a beau trouver commode de s'en tenir au *statu quo*, il a beau admettre arbitrairement un pareil absolu, rien ne peut prévaloir contre une certitude *a priori* aussi incontestable que celle-là ; sur ce point il n'y a pas de grands airs qui soient capables de nous duper. En réalité, tout ce qu'on nous dit de l'absolu – le thème quasi perpétuel des systèmes philosophiques essayés depuis Kant – n'est autre chose que la preuve cosmologique déguisée. Celle-ci, en effet, depuis le procès que lui fit Kant, se trouvait déchue de tous ses droits, mise au ban de la philosophie ; ne pouvant plus se montrer sous sa véritable forme, elle s'est présentée sous des déguisements de toutes sortes ; tantôt elle est magnifiquement revêtue, elle se drape dans les grands mots d'intuition intellectuelle ou de pensée pure ; tantôt au contraire elle ne vit que de mendicité et d'escroquerie, à force de sophismes et d'expédients. Si ces messieurs veulent absolument avoir un absolu, j'en ai un à leur service ; à tout ce que l'on peut exiger d'un absolu il répond beaucoup mieux que toutes les chimères dont ils sont les auteurs : cet absolu, c'est la matière. Elle n'a ni origine ni fin ; elle est indépendante dans le vrai sens du mot ; elle est "ce qui est en soi et est conçu par soi" [*Quod per se est et quod per se concipitur*] (Spinoza, Éthique, livre I, déf. 1) ; tout émane de son sein et tout y retourne ; que peut-on demander de plus à un absolu ? – Quant à ceux qui sont restés sourds à la Critique de la raison, c'est bien à eux que l'on devrait crier : "Vous êtes donc comme les femmes : on a beau leur parler raison pendant une heure, toujours elles reviennent à leur premier mot ? (Schiller, *Mort de Wallenstein*, II, 3)"

Ce n'est nullement l'essence de la raison qui nous autorise à remonter vers une cause inconditionnée, vers un premier commencement ; en voici d'ailleurs une nouvelle preuve, une preuve de fait : les religions primitives de notre race, le brahmanisme et le bouddhisme, qui ont aujourd'hui encore de si nombreux croyants, ne connaissent ni n'admettent aucune doctrine semblable ; elles prolongent à l'infini la série des phénomènes qui se conditionnent les uns les autres. Je renvoie, sur ce point, à la remarque que je fais plus bas, dans la critique de la première antinomie. L'on peut encore consulter "la Doctrine du bouddhisme" de Upham (Upham, *Doctrine of Buddhaïsm*), et d'une manière générale tous les travaux exacts sur les religions de l'Asie. Il ne faut pas confondre judaïsme et raison.

Ainsi Kant n'attribue au prétendu principe de la raison aucune valeur objective ; il lui attribue simplement une nécessité subjective ; mais tout en faisant cette réserve, il ne l'en déduit pas moins, par un vain sophisme (p. 307 ; 5e éd., p. 364). Voici comment il procède : nous cherchons, aussi longtemps que nous le pouvons, à subordonner toute vérité à nous connue à une autre plus générale ; or ce fait même n'est autre chose que la recherche de l'inconditionné, supposé par nous. Mais en réalité, lorsque nous cherchons ainsi, nous ne faisons que simplifier notre connaissance en élargissant notre point de vue, par l'application et par l'usage normal de la raison, de cette faculté de cognition abstraite et générale qui distingue l'homme raisonnable, parlant et pensant, de l'animal, esclave du présent. En effet, l'usage de la raison consiste à connaître le particulier par le général, le cas par la règle, la règle par une règle plus générale, en un mot à chercher les points de vue les plus généraux ; en élargissant ainsi notre raison, nous facilitons et nous perfectionnons notre connaissance à un tel point que c'est là la grande différence entre la vie animale et la vie humaine, entre la vie sauvage et celle de l'homme civilisé. Incontestablement la série des raisons de la connaissance bornée au domaine de l'abstrait, c'est-à-dire de la raison, trouve toujours une fin, lorsqu'elle se heurte à l'indémontrable, autrement dit à une représentation qui n'est plus conditionnée d'après cette expression du principe de raison – la raison de la connaissance ; or cette représentation, perçue soit *a priori* soit *a posteriori*, mais toujours d'une manière immédiate et intuitive, c'est précisément ce qui fonde le principe suprême de l'enchaînement des raisonnements. J'ai déjà montré dans ma *Dissertation sur le principe de raison* (§ 50) que, dans ce cas, la série des raisons de connaissance se réduit à proprement parler aux raisons du devenir et de l'être. Mais prétendre tirer parti de cette circonstance pour déclarer qu'il existe même subjectivement un inconditionné au point de vue de la loi de causalité, cela n'est permis qu'à ceux qui n'ont pas encore distingué les différentes expressions du principe de raison, qui les confondent toutes ensemble et qui se bornent à l'énonciation abstraite. Or Kant cherche à accréditer cette confusion, et pour cela il se sert d'un simple jeu de mots (*universalitas et universitas*) (p. 322 ; 5ᵉ éd., p. 379). – Ainsi la recherche des raisons suprêmes de la connaissance, des vérités générales, n'est nullement fondée sur l'hypothèse d'un objet inconditionné quant à son existence ; cette recherche n'a rien de commun avec cette hypothèse, et ce serait une erreur radicale que de se figurer le contraire. Quand bien même l'essence de la raison comporterait une hypothèse de ce genre, la raison, dès qu'elle réfléchit, doit considérer cette hypothèse comme un non-sens. Disons plus : l'origine de ce concept d'inconditionné n'a d'autre source que la paresse de l'individu ; celui-ci, en effet, bien qu'il n'en ait nullement le droit, espère, au moyen de ce concept, se débarrasser de tout problème ultérieur, soit qu'il le concerne ou non.

À ce prétendu principe de la raison, Kant lui-même refuse la valeur objective ; mais il nous le présente comme une hypothèse subjective nécessaire, et de cette façon il provoque dans notre connaissance un conflit sans issue, conflit que tout à l'heure il va accentuer encore davantage. À cet effet il développe ce principe de la raison (p. 322 ; 5ᵉ éd., p. 379), toujours fidèle d'ailleurs à sa méthode de symétrie architectonique. Les trois catégories de la relation donnent naissance à trois sortes de raisonnement ; chacune de ces trois sortes de raisonnement nous fournit une méthode pour rechercher un inconditionné particulier ; par conséquent il y a également trois inconditionnés : l'âme, le monde (comme objet en soi et totalité complète), Dieu. Nous devons, dès maintenant, remarquer une grave contradiction, à laquelle Kant n'a sûrement pas pris garde ; car elle pourrait être très préjudiciable à la symétrie. Deux de ces inconditionnés *sont* à leur tour conditionnés par le troisième ; l'âme et le monde sont conditionnés par Dieu qui est leur cause efficiente ; l'âme et le monde ne partagent point avec Dieu le prédicat *inconditionné*, c'est-à-dire le seul dont il soit question ici ; l'âme et le monde n'ont de commun avec Dieu que le prédicat suivant : ils sont déduits d'après les principes de l'expérience, en dehors et au-dessus de la possibilité de l'expérience.

Quoiqu'il en soit, le fait est qu'il y a pour Kant trois inconditionnés auxquels toute raison doit aboutir, suivant la loi de son essence. Or dans ces trois inconditionnés nous retrouvons les trois grands objets autour desquels a tourné toute la philosophie soumise à l'influence du christianisme, depuis les scolastiques jusqu'à Ch. Wolf. De pareils concepts ont beau, grâce à l'influence des philosophes, être devenus des idées courantes, familières même à la pure raison ; néanmoins nous ne pouvons, sans recourir à l'hypothèse de la révélation, les considérer comme émanant du développement de la raison humaine ou comme produits par elle suivant la propre loi de son essence. Pour vider la question, il faudrait recourir à des recherches historiques ; il faudrait se demander si les peuples anciens, étrangers à l'Europe, et particulièrement les Hindous, si les plus vieux philosophes grecs sont effectivement parvenus, eux aussi, à des concepts de ce genre ; ou bien si au contraire ce ne serait pas nous qui aurions la complaisance vraiment exagérée de leur attribuer de semblables créations ; le procédé d'ailleurs ne serait pas nouveau ; les Grecs retrouvaient partout leurs dieux, et, ce serait par un contre-sens pareil que nous traduirions le mot "Brahma" des Hindous, le mot "Tien" des Chinois, par notre mot "Dieu" ; il faudrait rechercher enfin si le théisme proprement dit n'est pas une production unique, issue de la seule religion juive et des deux autres religions qui en procèdent ; n'est-ce pas pour cela en effet que les croyants de ces trois religions enveloppent les adeptes de toutes les autres sous le nom de *païens* ? – Par parenthèse cette expression est singulièrement naïve et grossière ; elle devrait au moins être bannie des écrits des savants, puisqu'elle identifie et met dans le même sac Brahmanistes, Bouddhistes, Égyptiens, Grecs, Romains, Germains, Gaulois, Iroquois, Patagons, Caraïbes, Otahitiens, Australiens et autres. Pour la prêtraille, cette expression convient ; dans le monde savant la porte doit lui être fermée ; qu'elle passe en Angleterre, qu'on la relègue à Oxford ! – Le bouddhisme, c'est-à-dire la religion qui compte sur la terre le plus de fidèles, loin d'admettre le moindre vestige de théisme, en a, au contraire, une horreur invincible ; c'est là une vérité absolument établie. Pour ce qui est de Platon, j'imagine que c'est aux juifs qu'il doit ses accès périodiques de théisme. Numenius (*ap.* Clément d'Alexandrie, *Strom.*, I, c. XXII. — Eusèbe, *Praep.*, *evang.*, XIII, 12. – Suidas. art. "Numenius") l'appelle pour cette raison, le Moïse grec, *Moses græcisans* : "Qu'est-ce que Platon, sinon un Moïse attique ?" – "Τι γαρ εστι Πλατων, η Μωσης αττικιζων" et il lui reproche d'avoir dérobé dans les écrits de Moïse ses doctrines de Dieu et de la création. Clément d'Alexandrie répète souvent que Platon a connu Moïse et qu'il en a tiré parti (*Strom.* I, 25 ; V. cap. 14, § 90 et 99. — Paedag. II, 10 ; III, 11) ; dans l'*Exhortation aux Gentils,* il commence par gourmander et narguer tous les philosophes grecs ; il leur reproche de n'avoir pas été des Juifs ; c'est une vraie capucinade (Cap. 5) ; puis il fait une exception en faveur de Platon (Cap. 6) ; il le félicite, il se livre à de véritable transports d'allégresse ; car, dit-il, après avoir appris la géométrie chez les Égyptiens, l'astronomie chez les Babyloniens, la magie chez les Thraces, mille autres choses chez les Assyriens, Platon s'est fait enseigner le théisme par les Juifs : "Je reconnais tes maîtres ; tu as beau les vouloir cacher ; ta doctrine de

Dieu, tu l'as puisée aux pures sources hébraïques." – "Οιδα σου τους διδασκαλους καν αποκρυπτειν εθελης,... δοξαν την του θεου παρ αυτων ωφελησαι των Εβ ραιων." – C'est une scène de reconnaissance vraiment touchante, digne d'un mélodrame. – Voici encore une remarquable confirmation, à l'appui de mon dire. D'après Plutarque (*Vie de Marius*), et mieux encore d'après Lactance (I, 3, 19), Platon rendait grâces à la nature d'être né homme et non point animal, homme et non femme, Grec et non point barbare.

Or dans le recueil de *Prières des Juifs* d'Isaac Euchel, le fidèle remercie Dieu de l'avoir fait juif et non païen, libre et non point esclave, homme et non point femme. – Si Kant avait fait cette étude historique, il aurait échappé à la fâcheuse nécessité où il s'est trouvé ; il n'aurait pas été conduit à dire que les trois concepts de l'âme, du monde et de Dieu, étaient une conséquence nécessaire, un produit naturel de la raison, alors que d'autre part il démontre l'inanité des mêmes concepts, l'impossibilité de leur donner une valeur légitime ; en un mot, il n'eût point fait de la raison elle-même une sorte de sophiste, comme lorsqu'il dit : "Ce sont des sophismes non de l'homme, mais de la raison ; le plus sage lui-même ne peut y échapper ; peut-être, malgré tous ses efforts, sera-t-il impuissant contre l'erreur ; en tous cas, il ne peut se débarrasser de cette apparence qui le dupe et le trompe sans cesse (p. 339, 5e ép., p. 317)." D'après cela les *Idées de la raison* seraient, pour Kant, comme le foyer d'un miroir concave : tous les rayons viennent se réfléchir et converger dans ce foyer, à quelques pouces de la surface du miroir, et, en vertu d'un procédé nécessaire de notre entendement, nous apercevons un objet qui est une pure apparence, sans réalité.

Pour désigner ces trois productions nécessaires – ou soi-disant telles – de la raison pure théorétique, Kant n'a pas choisi une expression heureuse : il les appelle *Idées* ; ce terme est pris de Platon ; or Platon s'en sert pour désigner ces types immuables, multipliés par l'espace et par le temps, dont les choses individuelles et périssables ne sont que les innombrables, mais imparfaites images. Les Idées de Platon sont donc essentiellement intuitives ; d'ailleurs le mot même qu'il a choisi exprime d'une manière fort précise le sens suivant : choses perçues par intuition ou par vision (*Anschaulichkeiten oder Sichtbarkeiten*). Malgré cela Kant s'est approprié le terme pour désigner ce qui réside en dehors de toute intuition possible, ce que la pensée abstraite elle-même ne peut saisir qu'à demi. Le mot Idées, inauguré par Platon, a conservé, durant vingt-deux siècles, le sens que lui donnait Platon ; non seulement les philosophes de l'antiquité, mais encore les scolastiques et même les Pères de l'Église, les théologiens du Moyen Âge, l'ont employé exclusivement dans le sens platonicien, c'est-à-dire dans le sens du mot latin *exemplar* ; Suarez d'ailleurs le dit expressément (*Disput*. XXV, Sect. I). – Plus tard les Anglais et les Français ont été amenés par la pauvreté de leur langue à abuser du mot ; cela est fâcheux, mais ne tire pas à conséquence. – Mais revenons à Kant ; il s'est servi à contre sens du mot Idée ; il lui a donné une nouvelle signification, fondée sur la conception peu solide d'une chose qui ne serait point objet d'expérience ; sans doute les Idées de Platon sont un peu dans le même cas, comme aussi toutes les chimères possibles ; toujours est-il que Kant a abusé du mot et que cet abus ne se peut justifier. Un abus récent ne pouvant prévaloir contre un usage accrédité par l'autorité des siècles, j'ai toujours employé le mot *Idée* dans son sens antique et primordial, dans le sens platonicien.

14. DE LA DÉDUCTION DU CONCEPT DE L'ÂME CHEZ KANT.
QUE LA SEULE SUBSTANCE EST LA SUBSTANCE MATÉRIELLE.

La réfutation de la *Psychologie rationnelle* est beaucoup plus détaillée, beaucoup plus approfondie dans la première édition de la *Critique de la Raison pure* que dans la seconde et dans les suivantes ; aussi est-ce uniquement la première édition que chacun doit consulter sur ce point. Cette réfutation est, dans son ensemble, un morceau d'une très grande valeur ; elle contient une part considérable de vérité. Cependant je fais mes réserves : selon moi c'est uniquement pour l'amour de la symétrie que Kant déduit du paralogisme précédent le concept de l'âme, en appliquant le concept soi-disant nécessaire de l'inconditionné à celui de la substance, lequel est la première catégorie de la relation ; puis, en partant de là, il affirme que dans toute raison spéculative telle doit être la genèse du concept de l'âme. Si ce concept avait réellement son origine dans l'hypothèse du sujet dernier de tous les prédicats possibles d'une chose, dans ce cas on aurait admis l'existence d'une âme non seulement chez l'homme, mais encore et avec une égale nécessité dans toute chose inanimée ; car toute chose sans vie suppose un sujet dernier de tous ses prédicats. Mais Kant se sert d'une expression tout à fait impropre, toutes les fois qu'il parle d'une chose ne pouvant exister qu'à titre de sujet, non à titre de prédicat (par exemple, *Critique de la raison pure*, p. 323, 5e éd., p. 412. *Prolégomènes*, §§ 4 et 46) ; toutefois il y avait déjà un exemple de cette impropriété dans la métaphysique d'Aristote (Livre IV, cap. 8).

Rien n'existe comme sujet ou comme prédicat ; ce sont là des expressions qui appartiennent exclusivement à la logique et qui désignent les rapports des concepts abstraits entre eux. Toutefois le sujet et le prédicat ont, dans le monde intuitif, leurs corrélatifs, leurs termes correspondants : la substance et l'accident. Or nous n'avons pas à chercher bien loin pour trouver la substance, ce qui existe toujours à titre de substance, jamais à titre d'accident ; la substance nous est directement donnée dans la matière. La matière est substance au regard de toutes les propriétés des choses ; et celles-ci sont ses accidents. La matière est réellement, pour employer l'expression kantienne que nous avons citée, le sujet dernier de tous les prédicats se rapportant à une chose quelconque donnée empiriquement ; autrement dit, elle est ce quelque chose qui subsiste, lorsqu'on a fait abstraction de toutes les propriétés possibles d'une chose. Or il existe quelque chose de tel dans l'homme, comme dans l'animal, dans la plante ou dans la pierre, et cela est si évident que, pour ne point le voir, il faut y mettre une mauvaise foi insigne. Du reste la matière est le prototype du concept de substance, ainsi que je le montrerai bientôt. Maintenant voyons ce que c'est que sujet et prédicat. Le sujet et le prédicat sont à la substance et à l'accident ce qu'est le principe de raison suffisante à la loi de causalité, ce qu'est un principe de logique à une loi de la nature ; principe de raison suffisante, loi de causalité, voilà deux termes qui ne sont ni convertibles, ni identiques. Le sujet et la substance, le prédicat et l'accident, eux non plus ne sont ni convertibles, ni identiques. Or Kant s'est manifestement permis de les convertir et de les identifier dans ses *Prolégomènes* (§ 46), alors qu'il s'agissait, étant donnés le sujet dernier de tous les prédicats et la forme du raisonnement catégorique, d'en faire dériver le concept de l'âme. Pour démasquer le sophisme qu'il y a dans ce paragraphe, il suffit de réfléchir un peu, et l'on s'aperçoit que le sujet et le prédicat sont des déterminations purement logiques, concernant uniquement et exclusivement les concepts abstraits ou plutôt les rapports des concepts abstraits entre eux dans le jugement ; la substance et l'accident au contraire appartiennent au monde intuitif et à son aperception par l'entendement ; ce sont des termes identiques à ceux de matière et de forme (ou qualité).

L'antithèse, qui a donné lieu à la théorie des deux substances radicalement différentes, le corps et l'âme, est en réalité l'antithèse de l'objectif et du subjectif. Quand l'homme se perçoit objectivement par l'intuition extérieure, il perçoit un être étendu dans l'espace et parfaitement corporel ; si au contraire il se perçoit par la simple conscience, c'est-à-dire d'une manière purement subjective, il perçoit un être composé uniquement de volonté et de représentation, affranchi de toutes les formes de l'intuition, dépourvu aussi de toutes les propriétés inhérentes au corps. Alors il crée le concept de l'âme ; il le crée, comme l'on crée tous les concepts transcendants que Kant appelle des Idées ; il applique le principe de raison, forme de tout objet, à ce qui n'est point un objet, c'est-à-dire dans l'espèce au sujet de la connaissance et de la volonté. C'est qu'en effet l'homme considère la connaissance, la pensée, la volonté comme des effets ; il cherche la cause des effets en question, et ne la pouvant trouver dans le corps, il invente une cause tout à fait différente du corps. C'est ainsi que tous les dogmatiques, depuis le premier jusqu'au dernier, démontrent l'existence de l'âme : ainsi procédait Platon dans le *Phèdre*, ainsi procède Wolf ; ils considèrent la pensée et la volonté comme des effets, et de ces effets ils remontent à une cause : l'âme. C'est de cette manière, c'est en érigeant en hypostase une cause correspondant à cet effet, que l'on a créé ce concept d'un être immatériel, simple et indestructible ; c'est seulement après que ce concept fut formé, que l'école voulut l'expliquer et en démontrer la légitimité au moyen du concept de substance. Mais le concept de substance lui-même, l'école venait justement de le confectionner pour les besoins de la cause ; et il est intéressant de voir par quel artifice.

Dans ma première classe de représentations, c'est-à-dire parmi les représentations du monde intuitif et réel, je range également la représentation de la matière ; en effet, la loi de causalité qui règne sur la matière détermine le changement des états ; or les états, qui changent, supposent une chose qui demeure et dont ils sont eux-mêmes les modifications. Plus haut, dans mon paragraphe sur le principe de permanence de la substance, j'ai fait voir, en me référant à des passages antérieurs, quelle est la genèse de la représentation de matière ; la matière existe exclusivement pour l'entendement ; or la loi de causalité – unique forme de l'entendement – unit intimement dans l'entendement le temps et l'espace ; dans le résultat ainsi produit la part prise par l'espace correspond à la permanence de la matière, la part prise par le temps correspond aux changements d'état de cette même matière. La matière pure, la matière en soi, ne peut être que pensée abstraitement ; elle ne peut être perçue par intuition ; car, dès que la matière se manifeste à l'intuition, elle a une forme, une qualité. Or à son tour, ce concept de matière a donné naissance à un nouveau concept, celui de substance ; ce nouveau concept était une abstraction, et soi-disant un genre dont la matière était une espèce ; on l'avait formé en ne laissant au concept de la matière qu'un seul prédicat, celui de la permanence ; quant aux autres prédicats, propriétés essentielles de la matière, tels qu'étendue, impénétrabilité, divisibilité, etc., on en avait fait abstraction. Le concept de substance a, en sa qualité de genre, une compréhension moindre, mais – et c'est en cela qu'il diffère des autres genres – il n'a pas une extension plus vaste que le concept de matière, il n'embrasse point, outre la matière, d'autres espèces ; la matière est l'unique espèce du genre "substance", elle en est l'unique contenu possible ; donc le contenu du concept de substance se trouve d'un seul coup effectivement donné et vérifié. Or, à l'ordinaire, lorsque la raison recourt à l'abstraction pour créer le concept d'un genre, elle a pour but de réunir sous une même pensée plusieurs espèces différant entre elles par des caractères secondaires. Mais ici ce but n'avait pas à être poursuivi. J'en conclus : de deux choses l'une, ou bien le travail d'abstraction que l'on a entrepris était oiseux et inopportun ; ou bien ceux qui l'ont entrepris avaient une secrète arrière-pensée. Cette arrière-pensée, la voici : il s'agissait de ranger dans le concept de substance, à côté de la matière, à côté de la seule et unique espèce qui constituait le genre, une seconde espèce, l'âme, substance immatérielle, simple et indestructible. Si ce nouveau concept de l'âme a pu s'insinuer, cela tient à ce que, en enveloppant la matière sous le concept soi-disant plus étendu de la substance, l'on avait déjà procédé d'une manière irrégulière et illogique. Lorsque la raison, dans sa marche régulière, forme le concept d'un genre, toujours elle rapproche les uns des autres les concepts de plusieurs espèces, puis elle procède par voie comparative et discursive, elle fait abstraction des différences, elle ne s'attache qu'aux ressemblances, et enfin elle obtient le concept du genre, concept qui résume ceux de toutes les espèces, mais qui leur est inférieur en compréhension. D'où il suit que les concepts des espèces doivent toujours être antérieurs à celui du genre. Dans le cas présent la marche est inverse. Il n'y a que le concept de matière qui ait précédé le soi-disant concept du genre, c'est-à-dire celui de substance ; le second a été formé au moyen du premier sans nécessité, par suite sans raison, d'une manière parfaitement oiseuse ; ce concept de substance est tout simplement celui de matière, dépouillé de toutes ses déterminations sauf une. C'est seulement après cela qu'à côté du concept de matière l'on a placé et insinué une prétendue deuxième espèce qui en réalité n'en est pas une. Il suffisait désormais pour former le concept de l'âme de nier explicitement, ce que tout à l'heure, lors de la formation du concept de substance, on avait implicitement négligé, je veux dire l'étendue, l'impénétrabilité, la divisibilité. Ainsi le concept de substance n'avait eu d'autre raison d'être que celle-ci : servir de véhicule pour faire passer le concept de la substance immatérielle. Par suite le concept de substance, loin d'être une catégorie ou une fonction nécessaire de l'entendement, n'est au contraire qu'un concept des plus superflus ; tout son vrai contenu se trouve déjà dans le concept de matière ; à part le concept de matière, il ne contient pour ainsi dire, qu'un grand vide ; et ce vide il ne parvient à le remplir qu'en introduisant subrepticement l'espèce dite substance immatérielle ; or c'était justement pour servir de véhicule à la *substance immatérielle* qu'on avait inventé la *substance en général*. Voilà pourquoi, rigoureusement parlant, l'on doit rejeter le concept de substance et le remplacer partout par celui de matière.

15. Comment Kant s'efforce de rattacher : à la catégorie de la quantité les idées cosmologiques ; à celle de la qualité, les idées transcendantes relatives à la matière ; à celle de la relation, l'idée de la liberté ; à celle de la modalité, l'idée de la cause première. — Critique des antinomies : les thèses ne sont que des erreurs de l'individu ; seules les antithèses ont un fondement objectif ; il n'y a donc pas véritablement antinomie.

Les catégories étaient un lit de Procuste où l'on appliquait d'une manière générale tous les objets ; les trois sortes de raisonnements ne jouent ce rôle qu'à l'égard de ce que Kant nomme les trois Idées. L'Idée de l'âme avait dû bon gré mal gré trouver son origine dans la forme du raisonnement catégorique. Kant se trouve maintenant en présence des représentations dogmatiques que nous avons sur l'ensemble du monde, lorsque nous le pensons comme objet en soi, compris entre les deux limites de la petitesse extrême – l'atome, et de la grandeur extrême – les bornes du monde dans le temps et dans l'espace. Or il est, pour Kant, de toute nécessité que les représentations en question émanent de la forme du raisonnement hypothétique. Du reste pour confirmer cette assertion, Kant n'a pas à faire de nouvelle violence à la vérité. En effet, le jugement hypothétique tire sa forme du principe de raison ; or c'est en appliquant inconsidérément et radicalement ce principe, puis en le mettant non moins arbitrairement de côté, que l'on est arrivé en réalité à créer toutes les soi-disant Idées, non pas seulement les Idées cosmologiques. Voici comment on s'y prenait : l'on se contentait d'abord, conformément au principe de raison, de rechercher la dépendance des objets entre eux ; mais l'imagination fatiguée de ce jeu, finissait par assigner un but à sa course. C'était oublier que tout objet, que la série des objets, que le principe de raison lui-même trouve dans la plus étroite de toutes les dépendances, celle du sujet connaissant ; c'était oublier que le principe de raison n'a de valeur que pour les objets du sujet connaissant, c'est-à-dire pour les représentations ; qu'il a pour seule destination d'assigner aux représentations une place dans l'espace et dans le temps. Ainsi le principe de raison, cette forme de connaissance, d'où Kant avait déduit simplement les Idées cosmologiques, était en même temps l'origine de toutes les autres entités sophistiques ; il n'y avait donc point de sophisme à commettre pour arriver au but que Kant s'était assigné ici. Mais en revanche et pour la même raison, il est amené à en commettre de très graves, lorsqu'il s'agit de faire une classification des Idées d'après les quatre rubriques des catégories.

1. – Pour les Idées cosmologiques se rapportant à l'espace et au temps, c'est-à-dire aux limites du monde dans l'espace et dans le temps, Kant déclare imperturbablement qu'elles sont déterminées par la catégorie de la quantité ; or elles n'ont rien de commun avec cette catégorie, si ce n'est que, en logique, dans la théorie du jugement, l'on a donné par hasard à l'extension du concept-sujet le nom de quantité, nom tout conventionnel d'ailleurs et que l'on aurait pu parfaitement remplacer par un autre. Mais, dans son amour de la symétrie, Kant n'hésite pas à exploiter ce hasard heureux, cette similitude de noms, qui leur permet de rattacher à la catégorie de la quantité les dogmes transcendants sur l'étendue du monde.

2. – Plus témérairement encore, Kant rattache à la catégorie de la qualité, c'est-à-dire à la théorie des jugements affirmatifs et négatifs, les Idées transcendantes sur la matière ; ici pourtant il ne peut plus invoquer une analogie fortuite de dénomination ; car c'est à la quantité, non point à la qualité de la matière que se rapporte sa divisibilité mécanique (il n'y a pas à parler ici de divisibilité chimique). Mais – chose plus grave encore – cette Idée de la divisibilité ne peut nullement être comptée parmi les conséquences du principe de raison ; or c'est de ce principe, considéré comme contenu de la forme hypothétique, que doivent découler toutes les Idées cosmologiques. Voici l'affirmation sur laquelle s'appuie Kant : le rapport des parties au tout est un rapport de condition à conditionné, autrement dit un rapport conforme au principe de raison. Cette affirmation est un sophisme aussi vain que subtil. Le rapport des parties au tout s'appuie purement et simplement sur le principe de contradiction. Le tout n'est point conditionné par les parties ni réciproquement ; tous deux sont solidairement nécessaires, car ils ne sont qu'un et on ne

les sépare que par un acte arbitraire. De là résulte, d'après le principe de contradiction, la vérité suivante : faire abstraction des parties, c'est en même temps faire abstraction du tout et réciproquement ; mais, s'il en est ainsi, ce n'est pas à dire que les parties conditionnent le tout, ni que les parties soient la raison du tout, ni le tout la conséquence des parties ; il ne faut pas nous figurer que nous soyons, d'après le principe de raison, nécessairement induits à étudier les parties pour comprendre le tout, comme l'on est forcé d'étudier la raison pour comprendre la conséquence. – Voilà pourtant les difficultés énormes sur lesquelles, chez Kant, l'amour de la symétrie arrive à l'emporter.

3. – Sous la rubrique de la relation viendrait se ranger fort à propos l'Idée de la cause première du monde. Mais Kant est forcé de réserver cette Idée pour la quatrième rubrique (modalité), sans quoi il ne resterait rien à y mettre ; il force donc bon gré mal gré l'Idée de la cause première du monde à rentrer sous la catégorie de la modalité. Voici comment il s'y prend : il a une définition du contingent diamétralement opposée à la vérité ; pour lui, est contingente toute conséquence d'un principe ; or il remarque que c'est la cause première du monde qui transforme le contingent en nécessaire. – Mais il s'agit maintenant de rattacher une Idée à la troisième rubrique, à la catégorie de la relation. Kant choisit à cet effet le concept de la liberté ; notons que sous ce concept il n'entend en réalité que l'Idée de la cause du monde, laquelle d'ailleurs se trouverait ici à sa seule et véritable place ; tout cela ressort clairement de la remarque, annexée à la *thèse* de la troisième antinomie. La quatrième antinomie n'est au fond qu'une répétition de la troisième.

À ce propos je trouve et je déclare que toute la série des antinomies n'est qu'une feinte, un simulacre de conflit. Seules, les propositions appelées *antithèses* reposent effectivement sur les formes de notre faculté de connaître ; autrement dit, – et pour parler au point de vue objectif – elles sont seules à reposer sur les lois de la nature, nécessaires, universelles, *a priori*. Seules, elles tirent leurs démonstrations de raisons objectives. Au contraire les propositions appelées *thèses*, et leurs démonstrations, n'ont d'autre fondement qu'un fondement subjectif ; elles reposent purement et simplement sur la faiblesse et sur les sophismes de l'individu ; l'imagination se fatigue de remonter indéfiniment en arrière et elle met un terme à sa course au moyen d'hypothèses arbitraires qu'elle essaie de pallier du mieux qu'elle peut ; ajoutez à cela que le jugement se trouve dans l'impossibilité de quitter cette mauvaise voie où le retiennent des préjugés invétérés. Aussi, dans chacune des quatre antinomies, la démonstration de la thèse est-elle un sophisme ; au contraire la démonstration de l'antithèse est une conséquence incontestable, déduite par la raison, des lois *a priori* du monde de la représentation. Il a fallu à Kant beaucoup de peine et beaucoup d'artifice pour faire tenir debout les *propositions thèses*, pour leur donner une certaine valeur spécieuse en face des antithèses qui, elles, étaient naturellement très fortes. Voici d'ailleurs quel est, à cet effet, l'artifice principal et constant qu'il emploie : il ne procède point comme un homme qui a conscience de la vérité de son assertion ; il n'isole pas, il ne met pas en relief, il ne découvre pas à nu le nerf de l'argumentation ; en un mot il ne le présente point nettement devant nos yeux, ainsi qu'on doit toujours le faire dans la mesure du possible ; loin de là, du côté de la thèse comme du côté de l'antithèse, la marche du raisonnement se trouve embarrassée, dissimulée même par un flot de phrases prolixes et superflues.

Les thèses et antithèses que Kant met ici aux prises font songer au combat qui est décrit dans les *Nuées* d'Aristophane, combat où Socrate met aux prises le juste et l'injuste (Δικαιος λογος et αδικος λογος). Pourtant l'analogie n'existe que dans la forme, elle ne s'étend pas au contenu, quelles que puissent être à ce sujet les protestations de certaines gens : je veux dire ceux qui prétendent que ces questions, les plus spéculatives de toute la philosophie théorétique, ont une influence sur la moralité, et qui se figurent de bonne foi que la thèse correspond au juste, l'antithèse à l'injuste. Je ne veux tenir aucun compte de ces petits esprits, bornés et faux ; il y a là une complaisance que je n'aurai point ; c'est la vérité, ce n'est pas eux que je veux respecter. En conséquence, voici ce que je vais démontrer : les arguments employés par Kant pour la démonstration de chaque thèse, ne sont que des sophismes ; au contraire les arguments employés à la démonstration des antithèses, sont introduits le plus loyalement, le plus correctement du monde et ils sont tirés de raisons objectives. – Dans le cours de cette critique, je suppose que le lecteur a toujours présentes à l'esprit les antinomies kantiennes.

Supposons pour un instant que, dans la première antinomie, la preuve de la thèse soit juste ; dans ce cas elle prouverait beaucoup trop ; en effet, elle s'appliquerait non seulement aux changements qui existent dans le temps, mais encore au temps lui-même, ce qui tendrait à prouver l'absurdité suivante : le temps lui-même doit avoir eu un commencement. D'ailleurs, voici en quoi consiste le sophisme : au début Kant avait purement et simplement examiné le cas où la série des états n'aurait point de commencement ; mais, quittant subitement cette simple hypothèse, il se met à raisonner sur le cas où la série des états n'aurait non plus aucune fin, serait infinie ; alors il démontre ce que personne ne met en doute, à savoir qu'une telle hypothèse est en contradiction avec l'idée d'un tout achevé et que cependant tout instant présent peut être considéré comme la fin du passé. Nous objecterons à Kant que l'on peut toujours concevoir la fin d'une série qui n'a point de commencement, qu'il n'y a là rien de contradictoire ; la réciproque d'ailleurs est vraie ; l'on peut concevoir le commencement d'une série qui n'a point de fin. Quant à l'argument de l'antithèse, il est rigoureusement vrai ; les changements qui se produisent dans le monde, supposent d'une manière nécessaire une série infinie de changements antérieurs ; contre ce raisonnement il n'y a rien à dire. Nous pouvons à la rigueur concevoir qu'un jour la série des causes s'arrête, se termine dans un repos absolu ; quant à la possibilité d'un commencement absolu, c'est chose radicalement inconcevable[13].

---

[13] Non, ceux qui assignent au monde une limite dans le temps ne s'appuient nullement sur une pensée nécessaire de la raison. Veut-on encore que je donne, à l'appui de mon dire, des arguments historiques ; consultez la religion populaire des Hindous et à plus forte raison les Védas : nulle part il n'y est question des limites du monde. Les Hindous cherchent à exprimer sous une forme mystique, au moyen d'une chronologie fantastique, l'infinité de ce monde phénoménal, de ce tissu de la Maya, sans consistance et sans être ; dans le mythe suivant ils démontrent en même temps d'une manière singulièrement suggestive la relativité de toute durée temporelle (Polier, *Mythologie des Indous*, vol. II, p. 585). Une période de quatre âges – et c'est dans le quatrième que nous vivons — comprend une durée totale de quatre millions trois cent vingt mille années. Chaque journée de Brahma créateur

À propos des limites du monde dans l'espace, Kant démontre ce qui suit : si le monde doit être appelé un tout donné, il faut nécessairement qu'il ait des limites. La conséquence est exacte ; mais c'est la proposition antécédente qu'il fallait démontrer et qui reste indémontrée. Qui dit totalité dit limites, qui dit limites dit totalité ; mais l'un et l'autre terme, limite et totalité, sont introduits ici d'une manière tout à fait arbitraire. Il faut avouer que sur ce second point l'antithèse ne nous offre point de démonstration aussi satisfaisante que sur le premier ; cela tient d'abord à ce que la loi de causalité, qui nous fournit à propos du temps des déterminations nécessaires, ne nous en fournit point à propos de l'espace ; ajoutez ceci : sans doute la loi de causalité nous donne *a priori* la certitude que le temps rempli par les phénomènes ne peut confiner à un temps antérieur et vide ; elle nous enseigne qu'il n'y a pas de *premier* changement, mais en aucune façon elle ne nous affirme que l'espace plein n'ait pas à côté de lui un espace vide. Si l'on s'en tient là, aucune solution *a priori* n'est possible sur ce second point. Pourtant il y a une difficulté qui nous empêche de concevoir le monde comme limité dans l'espace : c'est que l'espace lui-même est nécessairement infini, et que par suite un monde fini et limité, situé dans l'espace, n'a en définitive, si grand qu'il soit, qu'une grandeur infiniment petite ; or une pareille disproportion donne à l'imagination une impulsion invincible ; car elle n'a plus qu'à choisir entre deux hypothèses : concevoir le monde infiniment grand ou infiniment petit. Cela avait déjà été compris des philosophes anciens : "Métrodore, le maître d'Épicure, trouve inadmissible que dans un vaste champ il ne pousse qu'un épi, que dans l'infini il ne se produise qu'un monde" (Μητροδωρος, ο καθηγητης Επικουρου, φησιν ατοπονειναι εν μεγαλω πεδιω ενα σταχυν γεννηθηναι, και ενα κοσμον εν τω απειρω). Voilà pourquoi

---

équivaut à une période de quatre âges ; et la nuit de Brahma est égale à son jour. Son année a trois cent soixante-cinq jours et autant de nuits. Il vit, créant sans cesse, durant cent années ; puis lorsqu'il meurt, un nouveau Brahma naît aussitôt, et ainsi de suite d'éternités en éternités. — Cette relativité du temps se trouve également exprimée dans un mythe particulier qui nous est raconté par Polier, d'après les Purânas (*Mythologie des Indous*, vol. II, p. 594). Un Rajah avait eu avec Vishnou, dans le ciel, une entrevue de quelques instants ; lorsqu'il redescendit sur la terre, plusieurs millions d'années s'étaient écoulés : l'on était entré dans un nouvel âge ; car chaque jour de Vishnou équivaut à cent périodes de quatre âges.

beaucoup d'entre eux enseignèrent qu'il y avait une infinité de mondes dans l'infini (Απειρους κοσμους εν τω απειρω). Tel est aussi l'esprit de l'argument de Kant dans l'antithèse. Mais il est rendu méconnaissable par la forme scolastique et embarrassée sous laquelle il est présenté. Le même argument pourrait également être employé contre la limitation du monde dans le temps, si l'on n'en avait trouvé un beaucoup meilleur, à la lumière de la loi de causalité. Ajoutons que, si l'on admet l'hypothèse d'un monde limité dans l'espace, il se pose encore une question sans réponse : en vertu de quel privilège une partie de l'espace a-t-elle été remplie, tandis que l'autre, infinie, est restée vide ? Si l'on veut une exposition détaillée fort intéressante des arguments pour et contre la limitation du monde on la trouvera chez Giordano Bruno dans le cinquième dialogue de son livre : *Del infinito, universo e mondi*. Du reste Kant lui-même, dans son *Histoire naturelle et théorie du ciel* (*Naturgeschichte und Theorie des Himmels*, II, chap. 7), affirme fort sérieusement, d'après des raisons objectives, que le monde n'a point de limites dans l'espace. Aristote déjà s'était rallié à la même opinion dans deux chapitres (*Phys*. III. § 4 et 5), fort intéressants à lire au sujet de cette antinomie.

Dans la seconde antinomie, dès le début, la thèse est entachée d'une grossière pétition de principe ; voici les premiers mots de cette thèse : "Toute substance composée est composée de parties simples". Une fois admise la conception tout à fait arbitraire de substance composée, Kant n'a évidemment aucune peine à prouver l'existence des parties simples. Mais ce principe sur lequel tout repose, à savoir "toute matière est composée", voilà justement ce qui demeure indémontré, et pour une bonne raison : c'est que ce principe est une hypothèse dénuée de fondement. En effet, ce qui s'oppose à l'idée du *simple*, ce n'est pas celle du *composé* ; c'est celle de la chose étendue, de la chose qui a des parties, de la chose divisible. En réalité Kant admet ici implicitement que les parties existaient avant le tout, qu'elles ont été réunies ensemble et que de cette réunion est né le tout ; car c'est bien cela que veut dire le mot *composé*. Mais une telle hypothèse est aussi insoutenable que l'hypothèse contraire. Qui dit divisibilité dit simplement possibilité de diviser le tout en parties ; la divisibilité n'implique nullement que le tout est composé des parties, c'est-à-dire engendré par elles. La divisibilité implique l'existence de parties dépendantes du tout, *a parte post* ; elle n'implique nullement l'existence de parties antérieures au tout, *a parte ante*. Entre les parties et le tout, il n'y a en réalité aucun rapport de temps ; loin de là, parties et tout se conditionnent mutuellement et sont par conséquent toujours simultanés ; car, s'il existe quelque chose d'étendu dans l'espace, c'est uniquement en tant que deux choses existent ensemble. Par suite ce que Kant dit dans la remarque sur la thèse, à savoir : "on devrait appeler l'espace non pas un composé, mais un tout…", est également tout à fait vrai, si on l'applique à la matière ; celle-ci en effet n'est autre chose que l'espace devenu perceptible. Quant à cette assertion contenue dans l'antithèse, à savoir que la matière est divisible à l'infini, elle découle *a priori*, incontestablement, du principe de la divisibilité infinie de l'espace ; car la matière est ce qui remplit l'espace. Contre ce principe il n'y a aucune objection à faire ; aussi dans un autre passage (*Critique de la Raison pure*, p. 513, 5ᵉ éd. p. 541), ayant dépouillé son rôle d'avocat du diable, Kant, en un aveu fort sincère et fort personnel, nous le représente comme une vérité objective ; de même dans les *Fondements métaphysiques des sciences de la nature* (p. 108. 1ʳᵉ éd.), nous trouvons le principe suivant : "la matière est divisible à l'infini", exprimé comme une vérité incontestable, en tête de la démonstration du premier principe de la mécanique ; du reste, la même vérité avait déjà été exposée et démontrée comme premier principe de la dynamique. Mais ici Kant gâte la démonstration de son antithèse par la singulière confusion de son exposé, par un flot de paroles inutiles, sans doute dans l'intention astucieuse de ne point renverser les sophismes de la thèse par la simple et claire évidence de l'antithèse. – Les atomes ne sont point une idée nécessaire de la raison, mais seulement une hypothèse tendant à expliquer la différence des poids spécifiques des divers corps. Cependant nous pouvons expliquer cette différence par une autre hypothèse meilleure et même plus simple que l'atomistique. Kant lui-même le montre dans la dynamique de ses *Fondements métaphysiques des sciences de la nature* ; il avait été précédé dans cette voie par Priestley, *On matter and spirit* (Sect. I.).

L'on trouve même déjà chez Aristote la pensée fondamentale de cette autre explication (*Phys.* IV, 9).

L'argument en faveur de la troisième thèse est un sophisme très habile ; il n'est autre en réalité que le prétendu principe de la raison pure, qui appartient en propre à Kant et qui est reproduit ici sans mélange, sans altération. Ce principe tend à démontrer que la série des causes est une série finie ; car d'après lui une cause ne saurait être suffisante, à moins de contenir la somme totale des conditions dont émane l'état qui suit, autrement dit l'effet. Ainsi donc, les déterminations simultanément réalisées dans l'état qui est la cause doivent se trouver au complet. Mais voici quel est au fond l'esprit de cette argumentation : la série des causes en vertu desquelles cet état lui-même est parvenu à la réalité doit être complète ; or qui dit complet dit achevé, qui dit achevé dit fini ; et de cette manière l'argumentation conclut à une première cause, fermant la série, par conséquent inconditionnée. Le tour de passe-passe est manifeste. Si je considère l'état A comme la cause suffisante de l'état B, je suppose que l'état A contient la totalité des conditions nécessaires dont la réunion produit inévitablement l'état B. Voilà tout ce que je puis exiger de l'état A considéré en tant que cause suffisante ; et cela n'a aucun rapport direct avec la question de savoir comment l'état A est parvenu à son tour à la réalité ! cette dernière question fait partie d'un problème tout différent ; dans ce nouveau problème je considère ce même état A non plus comme une cause, mais à son tour comme un effet conditionné par un troisième état ; et ce troisième état est à l'état A ce que l'état A était tout à l'heure à l'état B. Supposer que la série des causes et des effets est une série finie et que par suite elle a un commencement, c'est là une hypothèse qui ne nous apparaît nullement comme nécessaire, pas plus nécessaire que de supposer un commencement du temps pour expliquer l'existence de l'instant présent ; cette hypothèse n'a été introduite que par la paresse d'esprit des individus qui se livraient à la spéculation. Prétendre que cette hypothèse consiste dans l'affirmation d'une cause, prise comme raison suffisante, c'est une supercherie et une erreur ; du reste je l'ai prouvé en détail, plus haut, lorsque j'ai étudié le principe kantien de la raison, principe qui correspond à cette thèse. Pour appuyer l'affirmation de cette thèse fausse, Kant n'hésite point, dans la remarque qui y est annexée, à dire que, lorsqu'il se lève de sa chaise, c'est là un exemple de commencement inconditionné ; comme s'il ne lui était pas aussi impossible de se lever sans motif qu'il est impossible à une bille de rouler sans cause ! Sentant la faiblesse de l'argument, il se réclame des philosophes antiques ; or ce recours n'est point fondé, et pour le prouver je n'aurais qu'à citer Ocellus Lucanus, les Éléates et tant d'autres ; sans compter les Hindous. Contre la démonstration de l'antithèse, il n'y a rien à objecter ; c'est comme dans les deux antinomies précédentes.

La quatrième antinomie forme, ainsi que je l'ai déjà remarqué, une véritable tautologie avec la troisième. La démonstration de la thèse est, en substance, une réédition de la démonstration de la thèse précédente. L'assertion suivante : "Tout conditionné suppose une série de conditions complète et par suite se terminant par l'inconditionné", cette assertion est une pétition de principe que l'on doit absolument rejeter. Un conditionné ne suppose qu'une seule chose, à savoir sa condition : que cette condition soit à son tour conditionnée, c'est là le commencement d'une nouvelle étude qui n'est pas directement contenue dans la première.

La théorie des antinomies, il faut l'avouer, est jusqu'à un certain point spécieuse. Cependant il est remarquable qu'aucune partie de la philosophie de Kant n'ait trouvé aussi peu de contradicteurs que la théorie des antinomies ; aucune même n'a trouvé une approbation plus générale ; et pourtant c'est bien là la plus paradoxale de toutes les théories de Kant. Presque tous les partis et tous les manuels philosophiques l'ont considérée comme vraie, l'ont reproduite et même l'ont travaillée ; et cela, bien que toutes ou presque toutes les autres doctrines de Kant aient été combattues ; bien qu'il y ait eu des cerveaux assez mal faits pour attaquer l'*Esthétique transcendantale* elle-même. L'approbation unanime, que la théorie des antinomies a rencontrée, doit venir en définitive de la raison suivante : certaines gens contemplent avec une satisfaction intime le point où l'intelligence doit s'arrêter court, s'étant heurtée à quelque chose qui à la fois est et n'est pas ; ils se figurent avoir réellement sous les yeux le sixième prodige de Philadelphie, annoncé sur les affiches de Lichtenberg.

Kant nous donne ensuite la *solution critique du conflit cosmologique (Kritische Entscheidung des kosmologischen Streites)*. Cette solution n'est point, si l'on en recherche le véritable sens, ce que nous annonçait son auteur : il nous avait promis de résoudre le conflit en démontrant que, dans la première et dans la seconde antinomie, la thèse et l'antithèse, parties de suppositions également fausses, ont tort toutes les deux, tandis que, dans la troisième et dans la quatrième antinomie, la thèse et l'antithèse ont toutes deux raison. Or Kant n'a point rempli ce programme ; il n'a fait que confirmer les antithèses, en en précisant l'exposition.

Dans cette solution Kant commence par affirmer, à tort évidemment, que la thèse et l'antithèse ont pour premier principe l'hypothèse suivante, à savoir que, si le conditionné nous est donné, la série complète, autrement dit finie, de ses conditions nous est également donnée. Or il n'y avait que la thèse qui appuyât ses assertions sur ce principe, lequel n'est autre que le principe pur de la raison, tel que Kant nous l'a déjà exposé ; quant à l'antithèse, elle niait ce principe d'une manière générale et expresse, elle en affirmait le contraire. Plus loin encore, il reproche aux deux premières thèses et antithèses d'avoir fait l'hypothèse suivante, à savoir que le monde existe pris en soi, c'est-à-dire indépendamment du fait d'être connu et des formes de la connaissance ; en effet cette hypothèse est encore répétée dans la thèse, mais uniquement dans la thèse ; l'antithèse, au contraire, loin de tirer de cette hypothèse le principe de ses assertions, se trouve, d'un bout à l'autre, inconciliable avec elle. En effet, le concept d'une série *infinie*, tel qu'il est exprimé dans l'antithèse, se trouve en contradiction radicale avec l'hypothèse d'une série *tout entière donnée* ; un caractère essentiel d'une série infinie, c'est qu'elle existe toujours relativement au dénombrement que l'on en fait, jamais abstraction faite de ce dénombrement. Au contraire qui dit limites déterminées, dit un tout, lequel existe et subsiste par soi, indépendamment du dénombrement plus ou moins complet que l'on en peut faire. Ainsi c'est uniquement la thèse qui commet l'hypothèse erronée d'un tout cosmique subsistant en soi, c'est-à-dire avant toute connaissance, d'un tout où la connaissance n'a d'autre rôle que de se superposer à ce tout. L'antithèse se trouve en lutte radicale et constante avec cette hypothèse ; en effet, l'infinité des séries, affirmée par l'antithèse à la simple lumière du principe de raison, ne peut être réelle que si l'on opère le *regressus*, indépendamment de quoi cette infinité n'existe point. Car si d'une manière générale l'objet suppose le sujet, il va de soi qu'un objet se composant d'une chaine infinie de conditions suppose dans le sujet un mode de connaissance correspondant, c'est-à-dire un dénombrement infini des anneaux de cette chaîne. Or c'est précisément là ce que Kant nous dit et répète si souvent pour résoudre le conflit : "L'infinie grandeur du monde n'existe que par le *regressus* et non antérieurement à lui". Résoudre ainsi le conflit, c'est en réalité le trancher en faveur de l'antithèse ; car cette vérité se trouve déjà dans la proposition de l'antithèse, en même temps qu'elle est tout à fait inconciliable avec les assertions de la thèse. Supposons que l'antithèse ait affirmé que le monde se compose de séries infinies de raisons et de conséquences, que néanmoins le monde existe indépendamment de la représentation et du dénombrement régressif de ces raisons et conséquences, bref que le monde existe en soi et que partout il constitue un tout donné ; dans ce cas l'antithèse aurait été en contradiction non seulement avec la thèse, mais encore avec elle-même ; car jamais un tout ne peut être donné tout entier, jamais une série infinie ne peut exister, à moins d'être parcourue à l'infini, jamais une chose illimitée ne peut constituer un tout. Ainsi c'est uniquement à la thèse que l'on doit imputer cette supposition qui, selon l'affirmation de Kant, a conduit à l'erreur thèse et antithèse.

Aristote déjà enseigne qu'un infini ne peut exister qu'en puissance, jamais en acte ; autrement dit, jamais un infini ne peut être réel, ne peut être donné : "L'infini ne peut être en acte ; ... mais il est impossible que l'infini soit en acte." (Ουκ εστιν ενεργεια ειναι το απειρον... αλλα αδυνατον το εντελεχεια ον απειρον, *Métaphys.*,

XI, 10). Ailleurs : "Il n'y a pas, dit-il, d'infini en acte ; il n'y a d'infini qu'en puissance et par voie de division." (Κατ ενεργειαν μεν γαρ ουδεν εστιν απειρον, δυναμει δε επι την δικιρεσιν. Il explique cela en détail, dans un passage de la *Physique* (*Phys.*, III, 5 et 6), où dans une certaine mesure il nous donne la solution vraie de l'ensemble des problèmes antinomiques. Il nous expose, avec sa manière concise, les antinomies et alors il dit : "il faut un conciliateur" (Διαιτητου) : puis il donne la solution suivante, à savoir que l'infini, l'infini du monde dans l'espace aussi bien que dans le temps et dans la divisibilité, n'existe point antérieurement au fait de remonter ou de descendre les séries, *progressus et regressus*, mais bien par le fait même qu'on les remonte ou qu'on les descend. – Ainsi cette vérité se trouve déjà dans le concept logiquement entendu de l'infini. Et celui-là ne le comprend pas lui-même, qui s'imagine concevoir l'infini comme une chose objectivement réelle et donnée, indépendamment de tout *regressus*.

Disons plus : si l'on procède par la méthode inverse et si l'on prend pour point de départ ce que Kant nous donne comme la solution du conflit, par ce moyen, l'on arrive justement à la même affirmation de l'antithèse. En effet : si le monde n'est pas un tout inconditionné, s'il n'existe point en soi, mais seulement dans la représentation ; si les séries de raisons et de conséquences constituant le monde existent non pas avant le dénombrement des représentations de ces raisons et conséquences, mais par le fait seul de ce dénombrement ; dans ce cas, le monde ne peut pas contenir de séries déterminées, de séries finies ; en effet, la détermination et la limitation de ces séries devraient exister indépendamment de la représentation, laquelle ne vient qu'après : toutes les séries, dans un tel monde, doivent donc être infinies, c'est-à-dire ne pouvoir être épuisées par aucune représentation. Plus loin (p. 506 ; 5e éd., p. 534), Kant veut se fonder sur l'erreur de la thèse et de l'antithèse pour démontrer l'idéalité transcendantale de l'expérience, et il commence ainsi : "Si le monde est un tout existant en soi, il est ou fini ou infini". – Mais ceci est faux : un tout existant en soi ne peut en aucune façon être infini. – Allons plus loin : supposons que cette idéalité puisse être prouvée de la façon suivante, par l'infinité des séries qui constituent le monde : "les séries de raisons et conséquences constituant le monde n'ont absolument aucune fin" ; eh bien ! dans ce cas, le monde ne peut être un tout donné, indépendant de la représentation : car un tout donné, indépendant de la représentation, suppose toujours des limites déterminées, de même que, en revanche, des séries infinies supposent un *regressus* infini. Ainsi l'infinité supposée des séries doit être déterminée par la forme de "raison et conséquence", celle-ci à son tour par le mode de connaissance du sujet ; bref le monde, tel que nous le connaissons, ne peut exister que dans la représentation du sujet.

Kant a-t-il senti ou non que la *Solution critique du conflit* était en réalité un arrêt en faveur de l'antithèse ? Je n'ai pas qualité pour prononcer là-dessus. Voici en effet quelle est la question : cette solution est-elle encore un résultat de ce que Schelling a nommé quelque part, et fort justement, le *Système d'accommodation* de Kant (*Kants Accomodations system*) ? Ou bien l'esprit de Kant se trouvait-il inconsciemment entraîné à l'accommodation par l'influence de son temps et de son entourage ?

16. De la liberté et de la chose en soi chez Kant.
Kant y arrive en essayant de résoudre la troisième antinomie. Véritable voie pour y arriver.

La solution de la troisième antinomie, qui a pour objet l'Idée de la liberté, mérite une étude spéciale ; en effet pour nous il est fort remarquable que Kant se trouve forcé, justement ici, à propos de l'Idée de la liberté, de parler en détail, de cette chose en soi, que jusque-là nous avions vu reléguée au second plan. Cela est très significatif pour nous, qui avons identifié la chose en soi avec la volonté. D'une manière générale, c'est ici le point par où la philosophie de Kant sert d'introduction à la mienne, ou plutôt par où la mienne se rattache à la philosophie de Kant, comme l'arbre à la racine. Pour se convaincre de ce que je dis là, il suffit de lire avec attention, dans la *Critique de la raison pure*, les pages 536, 537 (5ᵉ éd., pp. 564, 565) ; j'invite en outre le lecteur à mettre en regard de ce passage l'introduction à la *Critique du jugement* (3ᵉ éd., pp. 18, 19 ; éd. Rosenkranz, p. 13), où Kant va jusqu'à dire : "Le concept de liberté peut représenter une chose en soi dans son objet – qui est la volonté –, mais non dans l'intuition ; au contraire le concept de nature peut représenter son objet dans l'intuition, mais non comme chose en soi". Au sujet de la solution des antinomies, je recommande particulièrement la lecture du § 53 des *Prolégomènes* ; et après cela, que l'on me dise si tout le contenu de ce passage n'a pas l'air d'une énigme dont ma doctrine est le mot. Kant n'avait pas mené sa pensée jusqu'au bout ; j'ai simplement continué son œuvre.

En conséquence, j'ai étendu à tout phénomène en général ce que Kant disait uniquement du phénomène humain, à savoir qu'il a pour essence en soi quelque chose d'absolument libre, c'est-à-dire une volonté. Quant à la fécondité de cette vue, lorsqu'on la combine avec la doctrine de Kant sur l'idéalité de l'espace, du temps et de la causalité, elle ressort assez de mon ouvrage.

Kant n'a fait nulle part de la chose en soi l'objet d'une analyse particulière, d'une déduction précise. Toutes les fois qu'il a besoin d'elle, il se la procure aussitôt par ce raisonnement, que l'expérience, c'est-à-dire le monde visible, doit avoir une raison, une cause intelligible, qui ne soit pas expérimentale et ne relève, par conséquent, d'aucune expérience possible. Il emploie ce raisonnement, après nous avoir répété sans cesse que l'application des catégories, conséquemment de celle de causalité, est bornée à l'expérience possible ; qu'elles sont de simples formes de l'entendement qui servent à épeler les phénomènes du monde sensible ; qu'au-delà de ce monde elles n'ont aucune importance ; et c'est pourquoi il en interdit sévèrement l'application à toute chose située en deçà de l'expérience et condamne tous les dogmatismes antérieurs pour avoir violé cette loi. L'incroyable inconséquence que renferme ce procédé de Kant fut vite remarquée de ses premiers adversaires, et servit pour des attaques auxquelles sa philosophie ne pouvait pas résister. Sans doute, c'est tout à fait *a priori* et avant toute expérience que nous appliquons la loi de causalité aux modifications éprouvées par nos organes des sens ; mais c'est justement pour cela que cette loi est d'origine subjective, comme nos sensations elles-mêmes, et ne conduit pas à la chose en soi. La vérité, c'est qu'en suivant la voie de la représentation on ne pourra jamais dépasser la représentation ; elle est un tout fermé et ne possède pas en propre un fil qui puisse mener jusqu'à cette chose en soi, dont l'essence diffère *toto genere* de la science. Si nous n'étions que des êtres capables de représentations, le chemin de la chose en soi nous serait à jamais fermé. C'est l'autre côté seulement de notre propre être qui peut nous donner quelques éclaircissements sur l'autre côté de l'essence en soi des choses. J'ai suivi cette méthode. Pourtant je vais montrer que le raisonnement de Kant relatif à la chose en soi qu'il semblait s'être interdit d'avance, peut être justifié dans une certaine mesure. Kant ne pose pas purement et simplement – et c'est en quoi il s'écarte de la vérité – l'objet comme conditionné par le sujet et inversement ; il reconnaît seulement que la manière dont apparaît l'objet est déterminée par les formes du sujet qui connaît, formes qui prennent *a priori* conscience d'elles-mêmes. Ce qui, au contraire, n'est connu qu'*a posteriori*, est pour Kant l'effet immédiat de la chose en soi, et cet effet ne devient phénomène que par son passage à travers les formes données *a priori*. Cette manière de voir explique, dans une certaine mesure, comment il a pu échapper à Kant, que l'objet en tant que tel rentre déjà dans la catégorie du phénomène et est déterminé par le sujet en tant que sujet, aussi bien que la manière dont l'objet apparaît est déterminée par les modes de connaissance du sujet ; que, par conséquent, si l'existence d'une chose en soi doit être admise, cette chose en soi ne peut pas être un objet ; Kant a tort de la considérer toujours comme telle ; la chose en soi se trouve nécessairement dans un domaine génériquement distinct de la représentation (c'est-à-dire du sujet qui connaît et de l'objet connu) ; aussi l'existence n'en saurait-elle être établie d'après les lois de la liaison des objets entre eux.

Chez Kant, il en est de la démonstration de la chose en soi, comme de l'apriorité de la loi de cause ; les deux doctrines sont justes, la manière dont il les établit est fausse ; elles rentrent dans la catégorie des conclusions vraies tirées de prémisses erronées. J'ai conservé les deux théories, mais en les fondant sur des bases toutes différentes et certaines.

Je n'ai pas atteint subrepticement la chose en soi, je ne l'ai pas déduite en m'appuyant sur des lois qui l'excluent, puisqu'elles en régissent la forme phénoménale ; ce n'est point par des détours, pour tout dire, que j'y suis arrivé ; j'en ai établi immédiatement l'existence, là où elle se trouve immédiatement, dans la volonté, qui apparaît immédiatement à tous comme le fond en soi de leur nature phénoménale.

C'est encore de cette connaissance immédiate de la volonté propre que résulte, dans la conscience humaine, le concept de liberté ; car il est incontestable que la volonté, en tant que créatrice du monde, en tant que chose en soi, est indépendante du principe de raison et conséquemment de toute nécessité, qu'elle est libre, je dis plus, qu'elle est toute-puissante. Sans doute cela n'est vrai que de la volonté en soi, et non pas de ses phénomènes, les individus, qui, en tant que manifestations phénoménales dans le temps de la volonté en soi, sont immuablement déterminés par cette dernière. Mais dans la conscience du commun des hommes, que la philosophie n'a pas épurée, la volonté est confondue avec ce qui n'en est que le phénomène, et l'on attribue à celui-ci ce qui n'appartient qu'à celle-là ; de là naît l'illusion de l'absolue liberté de l'individu. Aussi Spinoza dit-il avec raison que la pierre même qu'on lance se figurerait, si elle était consciente, voler spontanément. Car le fond en soi de la pierre c'est également la volonté une et libre, seulement la volonté, lorsqu'elle apparaît comme pierre, est absolument déterminée, comme dans toutes ses autres manifestations phénoménales. Mais toutes ces questions ont été suffisamment traitées dans les parties essentielles de ce livre.

Kant méconnaît cette naissance immédiate du concept de liberté dans toute conscience humaine, et en place (p. 533 ; V, 561) l'origine dans une spéculation fort subtile ; la raison tendant toujours à l'inconditionnel, nous sommes amenés à hypostasier le concept de liberté, et cette idée transcendante de liberté est le fondement essentiel du concept pratique de liberté. Dans la *Critique de la raison pratique* (§ 6, et p. 185 de la 4e édit. ; p. 235 de celle de Rosenkranz), il déduit ce dernier concept d'une manière toute différente, en montrant que l'impératif catégorique le suppose ; l'idée spéculative dont nous parlions plus haut ne serait que l'origine première du concept de liberté, auquel l'impératif catégorique donne véritablement son sens et son application. Ni l'une ni l'autre explication ne sont fondées. Car l'illusion d'une entière liberté individuelle dans la conduite de ses actes particuliers est surtout enracinée dans la conviction de l'homme ignorant et sans culture, qui n'a jamais réfléchi ; elle n'est donc pas fondée sur une spéculation. Ceux-là, au contraire, qui savent s'affranchir de cette illusion, ce sont les philosophes, surtout les plus profonds d'entre eux, et aussi les auteurs ecclésiastiques les plus réfléchis et les plus éclairés.

Il résulte de tout ceci que le concept de liberté ne saurait être tiré, par voie de conclusion, ni de l'idée spéculative d'une cause inconditionnée, ni d'un impératif catégorique qui la supposerait ; ce concept naît immédiatement de la conscience : car chacun de nous se reconnaît par elle comme volonté, c'est-à-dire comme quelque chose qui, étant en soi, ne relève pas du principe de raison, qui est indépendant de tout et dont tout dépend ; mais chacun de nous n'a pas la force de réflexion et de critique nécessaire pour se distinguer, en tant que phénomène temporel et déterminé de cette volonté, ou plutôt de cet acte de volonté, pour se distinguer, dis-je, de cette volonté de vivre elle-même ; et, au lieu de considérer toute notre existence comme l'effet d'un acte unique de notre liberté, nous voulons retrouver celle-ci dans nos actions particulières. Je renvoie pour ce point à mon livre sur la liberté de la volonté.

Si donc Kant, comme il l'avance ici et comme il semble l'avoir fait ailleurs, s'était contenté d'établir l'existence de la chose en soi, au prix sans doute d'une grande inconséquence et d'un raisonnement qu'il s'était interdit lui-même, par quel hasard singulier, en cet endroit, où pour la première fois il serre de plus près la chose en soi et semble vouloir s'éclairer sur sa nature, a-t-il pu voir d'emblée la volonté, la volonté libre qui ne se manifeste dans le monde que par des phénomènes temporels ? – C'est pourquoi j'admets, quoi qu'il me soit impossible de le démontrer, que Kant, chaque fois qu'il parle de la chose en soi, se représentait vaguement et dans les profondeurs les plus obscures de son esprit la volonté libre. Ce qui semble confirmer mon opinion, c'est un passage de la préface de la 2ᵉ édition de la *Critique de la raison pure* (p. 27 et 28, et dans l'éd. de Rosenkranz p. 677 des *suppléments*).

C'est d'ailleurs en cherchant à résoudre la troisième prétendue antinomie, que Kant a trouvé l'occasion d'exprimer avec une grande beauté les pensées les plus profondes de toute sa philosophie. Ainsi dans toute la "sixième section de l'antinomie de la raison pure" ; mais avant tout, dans l'exposé du contraste entre le caractère empirique et le caractère intelligible, morceau que je mets au nombre des choses les plus excellentes qui aient été jamais dites par un homme. (On trouvera une explication complémentaire de ce passage dans un endroit parallèle de la *Critique de la raison pratique*, p. 169-179 de la 4ᵉ éd., ou p. 224-231 de l'éd. Rosenkranz.) Il est d'autant plus regrettable, d'abord que ces vues éloquentes ne se trouvent pas à leur véritable place, et aussi que d'une part elles n'aient pas été obtenues par la méthode indiquée dans le texte, si bien qu'elles devraient être déduites d'une tout autre manière, et enfin que d'autre part elles n'atteignent pas le but que leur assigne Kant, à savoir la solution de la prétendue antinomie. On conclut du phénomène à sa raison intelligible, la chose en soi, par l'application inconséquente, que j'ai relevée tant de fois, du principe de causalité à un ordre de choses situé par-delà toute expérience. Cette chose en soi, on la voit en l'espèce dans la volonté de l'homme (Kant l'appelle incongrûment raison, par une violation impardonnable de toutes les lois de la langue), en se référant à un devoir inconditionné, l'impératif catégorique, qui est postulé sans plus de raison.

Voici au contraire, quelle eût été la vraie méthode : il fallait partir immédiatement de la volonté, montrer dans celle-ci le fonds en soi, connu sans intermédiaire aucun, de notre propre phénoménalité, puis donner une exposition du caractère empirique et du caractère intelligible, établir comment toutes les actions, bien que nécessitées par des motifs, n'en sont pas moins attribuées nécessairement et absolument à l'agent même et au seul agent, aussi bien par lui que par un juge étranger, que ces actes sont considérés comme dépendant uniquement de lui-même et qu'il doit par conséquemment en assumer le mérite et la peine. – Telle était la voie qui menait directement à la connaissance de ce qui n'est pas phénomène et ne saurait, par conséquent, être obtenu d'après les lois des phénomènes, de la volonté de vivre qui se manifeste dans le phénomène et y devient objet de connaissance. Il eût fallu ensuite la considérer, en vertu d'une simple analogie, comme le fonds en soi de toute forme phénoménale. Mais alors Kant n'aurait pas pu dire (p. 546 ; V, 574), que dans la nature inanimée et même dans la nature animale, aucun pouvoir ne peut être conçu sous une autre forme que celle de la détermination sensible ; ce qui, dans la langue de Kant, revient à dire que l'explication par la loi de la causalité épuise l'essence la plus intime même de ces phénomènes, théorie qui leur enlève, d'une manière fort inconséquente, tout caractère de chose en soi. – Kant n'ayant pas assigné à l'exposé de la chose en soi la place qu'il fallait, n'ayant pas déduit la chose en soi par le procédé qu'il fallait, toute la conception en a été faussée. Car la volonté ou chose en soi ayant été obtenue par la recherche d'une cause inconditionnée, elle entre avec le phénomène dans le rapport de cause à effet. Mais ce rapport n'a lieu que dans le cercle même du phénomène, il suppose par conséquent ce phénomène et ne peut pas le relier à ce qui est situé en dehors de lui, à ce qui est génériquement distinct de lui.

De plus le but proposé, à savoir la solution de la troisième antinomie, n'est nullement atteint par cette affirmation, que les deux parties ont raison, chacune à un point de vue différent. Car la thèse pas plus que l'antithèse ne parlent de la chose en soi, elles s'occupent purement et simplement de la phénoménalité, du monde objectif, du monde comme représentation. La thèse cherche à établir par le sophisme indiqué que ce monde-là, et non pas un autre, renferme des causes inconditionnées, et c'est en parlant de ce même monde que l'antithèse nie avec raison la thèse. Aussi bien toute la démonstration donnée ici de la liberté transcendantale de la volonté, en tant que chose en soi, si excellente qu'elle puisse être n'en est pas moins, à la place où elle se trouve, une μεταβ ασις εις αλλο γενος (un passage illégitime d'un genre à un autre). Car la liberté transcendantale en question n'est nullement la causalité inconditionnée d'une cause, qu'affirme la thèse, puisqu'une cause est par son essence même un phénomène, et non pas quelque chose de radicalement différent du phénomène, une chose située au-delà de toute expérience.

Ce n'est pas en traitant de la cause et de l'effet qu'il faut étudier, comme le fait Kant, le rapport de la volonté à sa manifestation phénoménale (c'est-à-dire du caractère intelligible au caractère empirique) ; car ce rapport est absolument distinct de la relation causale.

Dans cette solution de l'antinomie, Kant dit avec raison que le caractère empirique de l'homme, comme celui de toute autre cause dans la nature, est immuablement déterminé, que les actes en procèdent nécessairement, à l'occasion des influences externes ; aussi, en dépit de toute liberté transcendantale (c'est-à-dire de l'indépendance de la volonté en soi vis-à-vis des lois qui régissent ses modes phénoménaux), aucun homme n'a-t-il le pouvoir de commencer spontanément une série d'actions, comme l'affirmait la thèse. La liberté n'a donc pas de causalité, car est libre seulement la volonté, qui est située en dehors de la nature ou de l'expérience, laquelle n'en est que l'objectivation, mais ne soutient pas avec elle un rapport d'effet à cause ; ce dernier rapport ne se rencontre qu'au sein de l'expérience, il présuppose donc celle-ci, et ne peut pas la relier à ce qui ne relève absolument pas de l'expérience. Le monde devrait être uniquement expliqué par la volonté, puisqu'il est cette volonté même en tant que phénomène, et non point par la causalité. Mais *dans* le monde la causalité est le seul principe d'explication, et tout s'y fait suivant les seules lois de l'expérience. Toute la vérité est donc du côté de l'antithèse, qui demeure dans la question, qui emploie le principe d'explication applicable à cette question.

La quatrième antinomie est, comme je l'ai déjà dit, une tautologie de la troisième. Dans la solution qu'il en donne, Kant insiste encore davantage sur le caractère insoutenable de la thèse ; en revanche, il ne l'établit sur aucune raison et ne démontre pas comment elle se pose nécessairement en place de l'antithèse, et réciproquement il ne voit aucune raison à opposer à l'antithèse. C'est subrepticement qu'il introduit la thèse ; il l'appelle lui-même (p. 562 ; V, 590) une supposition arbitraire dont l'objet pourrait bien être impossible en soi ; Kant ne fait au fond que déployer des efforts tout à fait impuissants pour lui procurer quelque part une petite place sûre, en face d'une antithèse dont la vérité est incontestable, s'évertuant à ne pas dévoiler tout le néant de ce procédé qui consiste à trouver dans la raison humaine des antinomies nécessaires.

17. Théorie de Kant sur l'idéal transcendant ou idée de Dieu. Caractère scolastique de cette théorie.

Suit le chapitre sur l'idéal transcendant, qui nous transporte d'un coup dans la scolastique figée du moyen âge. On croirait entendre Anselme de Canterbury lui-même. L'*ens realissimum*, quintessence de toutes les réalités, contenu de toutes les propositions affirmatives, apparaît, avec la prétention d'être une notion nécessaire de la raison. – Pour ma part je dois avouer qu'il est impossible à ma raison de produire une telle notion, et que les mots qui servent à la caractériser n'éveillent en moi aucune idée précise.

Je ne doute d'ailleurs pas que Kant n'ait été amené à écrire ce chapitre singulier et indigne de lui, sous l'influence de sa prédilection pour la symétrie architectonique.

Les trois objets principaux de la scolastique (qui, entendus dans un sens plus large, ont régné, comme je l'ai dit, dans la philosophie jusqu'à Kant), l'âme, le monde et Dieu, devaient être déduits des trois majeures possibles de syllogismes ; bien qu'il soit évident que ces notions ne sont nées et ne pouvaient naître que par une application rigoureuse du principe de raison. Donc, après qu'on eût forcé l'âme d'entrer dans le jugement catégorique, après avoir réservé au monde le jugement hypothétique, il ne restait pour la troisième Idée que la majeure discursive. Fort heureusement un travail préparatoire en ce sens se trouvait avoir été fait, à savoir l'*ens realissimum* des scolastiques, accompagné de la démonstration ontologique de l'existence de Dieu, preuve posée sous forme rudimentaire par saint Anselme, puis perfectionnée par Descartes. Ces éléments, Kant les exploita avec joie, en y mêlant quelques réminiscences d'une œuvre de jeunesse écrite en latin. Toutefois le sacrifice que Kant fait, sous la forme de ce chapitre, à son amour pour la symétrie architectonique dépasse toute mesure. En dépit de toute vérité, la représentation grotesque, puisqu'il faut le dire, d'une quintessence de toutes les réalités possibles y est présentée comme une notion essentielle et nécessaire de la raison. Pour la déduire, Kant émet cette assertion fausse, que notre connaissance des choses particulières a lieu par une limitation de plus en plus grande de concepts généraux, qu'il faut aboutir par conséquent à un concept souverainement général, qui renferme en soi toute réalité. Cette affirmation est aussi contraire à sa propre doctrine qu'à la vérité ; car, tout à l'opposé, notre connaissance part du particulier, pour s'élargir et s'étendre jusqu'au général ; les notions générales ne naissent que par une abstraction de choses réelles, singulières, intuitivement connues, abstraction qui peut être poussée jusqu'à la notion souverainement générale, laquelle comprendra bien toutes choses sous elle, mais presque rien en elle. Ici Kant a littéralement renversé la marche de notre connaissance, et on pourrait lui reprocher d'avoir donné naissance à un charlatanisme philosophique, devenu célèbre de nos jours, qui, au lieu de voir dans les concepts des pensées abstraites des objets, donne au contraire aux concepts la priorité dans l'ordre du temps et ne voit dans les objets que des concepts concrets ; ce monde à l'envers est une arlequinade philosophique qui a naturellement obtenu un succès énorme, lorsqu'elle fut portée sur les tréteaux.

Même si nous admettons que toute raison doive, ou du moins puisse, sans le secours d'aucune révélation, arriver jusqu'à la notion de Dieu, cela n'est possible que si cette raison prend pour guide la loi de causalité. Chose tellement évidente qu'elle n'a pas besoin de démonstration. Aussi Chr. Wolf (*Cosmologia generalis, praef.*, p. 4) dit-il : "Sane in theologia naturali existentiam Numinis e principiis cosmologicis demonstramus. Contingentia universi et ordinis naturæ, una cum impossibilitate casus, sunt scala, per quam a mundo hoc adspectabili ad Deum ascenditur.[14]" Et avant lui Leibnitz avait déjà dit du principe de causalité : "Sans ce grand principe nous ne pourrions jamais prouver l'existence de Dieu (Théod., § 44)." De même dans sa controverse avec Clarke, § 126 : "J'ose dire que sans ce grand principe on ne saurait venir à l'existence de Dieu". Au contraire la pensée développée dans ce chapitre est tellement éloignée d'être une notion essentielle et nécessaire de la raison, qu'elle doit être plutôt considérée comme le chef-d'œuvre des

---

[14] C'est à bon droit que nous démontrons dans la théologie naturelle l'existence de l'Être suprême d'après des principes cosmologiques. La contingence de l'univers et de l'ordre de la nature, jointe à l'impossibilité du pur hasard, constituent les degrés par lesquels on s'élève de ce monde des apparences vers Dieu.

produits monstrueux d'une époque, telle que le Moyen Âge, que des circonstances singulières poussèrent dans la voie des erreurs et des bizarreries les plus étranges, époque unique dans l'histoire et qui ne reviendra jamais. Sans doute cette scolastique, une fois arrivée au faîte de son développement, tira la démonstration principale de l'existence de Dieu du concept de l'*ens realissimum*, et ne se servit qu'accessoirement des autres preuves ; mais ce n'est là qu'une méthode d'enseignement qui ne prouve rien pour l'origine de la théologie dans l'esprit humain. Kant a pris ici les procédés de la scolastique pour ceux de la raison, erreur où d'ailleurs il est souvent tombé. S'il était vrai que, conformément à des lois essentielles de la raison, l'Idée de Dieu sort d'un syllogisme disjonctif, sous forme de l'Idée de l'Être le plus réel, cette idée se serait bien rencontrée déjà chez les philosophes de l'antiquité ; mais nulle part, chez aucun des anciens philosophes, on ne trouve trace de l'*ens realissimum*, bien que quelques-uns d'entre eux enseignent un créateur du monde, qui ne fait que donner une forme à une matière qui existe indépendamment de lui, un δημιουργος ; c'est d'ailleurs par le principe de causalité seul qu'ils remontent jusqu'à ce démiurge. Il est vrai que Sextus Empiricus (adv. Math., IV, § 88) cite une argumentation de Cléanthe que quelques-uns prennent pour la preuve ontologique. Mais elle n'a pas ce caractère, elle n'est qu'un simple raisonnement par analogie ; en effet, comme l'expérience apprend que sur terre un être est toujours plus excellent que l'autre, et que l'homme, étant le plus excellent, clôt la série, bien qu'il ait encore de nombreux défauts, il doit évidemment exister des êtres plus excellents encore et en dernière ligne un être d'une excellence suprême (αρατιστον, αριστον), c'est-à-dire Dieu.

18. Réfutation du théisme philosophique par Kant ;
grandeur du service qu'il a rendu ainsi à la philosophie.

Au sujet de la réfutation radicale de la théologie spéculative, qui vient à la suite, je me bornerai à remarquer qu'elle est sans doute, dans une certaine mesure, tout comme la critique des trois Idées de la raison, c'est-à-dire toute la dialectique de la raison pure, le but et la fin de l'œuvre entière ; que cependant cette partie polémique n'a pas, comme la partie théorique qui précède, c'est-à-dire l'esthétique et l'analytique, un intérêt général, permanent et purement philosophique ; mais l'intérêt en est plutôt temporaire et local, puisqu'elle se rapporte aux moments principaux de la philosophie qui jusqu'à Kant a régné en Europe ; toutefois ce sera l'immortel mérite de Kant d'avoir par cette polémique donné le coup de grâce à cette philosophie. Il a éliminé de la philosophie le théisme, car dans la philosophie, entendue comme science, et non comme foi religieuse, il n'y a que les données empiriques ou les résultats de démonstrations certaines qui puissent trouver place. Naturellement j'entends par philosophie celle qui est pratiquée sérieusement, et qui ne vise qu'à la vérité, et non pas cette philosophie pour rire des Universités, dans laquelle la théologie spéculative joue toujours le rôle principal, et où l'âme, comme une vieille connaissance, se meut sans aucune gêne. Celle-là, c'est la philosophie qui traîne à sa suite les pensions et les honoraires, et même les titres de conseiller aulique ; c'est elle qui, des hauteurs dédaigneuses où elle réside, ne s'aperçoit même pas, quarante années durant, de l'existence d'aussi petites gens que moi ; qui voudrait bien être débarrassée du vieux Kant et de ses critiques, pour acclamer de tout cœur son Leibniz. – Je dois remarquer en outre que, de même que le scepticisme de Hume au sujet du concept de cause a donné l'impulsion première à la doctrine kantienne du caractère *a priori* de la loi de cause, de même la critique que fait Kant de toute théologie spéculative a peut-être son point de départ dans la critique que fait Hume de toute théologie populaire, et qu'il a exposée dans sa remarquable *natural history of religion*, et dans ses *Dialogues on natural religion* ; peut-être même Kant a-t-il voulu, dans une certaine mesure, compléter ces écrits. Car le premier des écrits susnommés de Hume est au fond une critique de la théologie populaire, critique qui en veut montrer le piteux et misérable caractère, et renvoyer à la théologie spéculative ou rationnelle comme à la seule vraie et respectable. Kant à son tour découvre tout le néant de cette dernière, et ne touche pas à la théologie populaire ; au contraire il la remet debout, sous une forme plus noble, comme croyance fondée sur le sens moral. Après lui de prétendus philosophes ont singulièrement perverti et détourné de son acception primitive ce sens moral, qu'ils ont transformé en connaissance rationnelle, en conscience de la divinité, en intuition intellectuelle du suprasensible, de la divinité, etc. ; au lieu que Kant, lorsqu'il brisa d'anciennes et respectables idoles, reconnaissant tout le danger de cette entreprise, ne cherchait en créant la théologie morale qu'à dresser provisoirement quelques faibles étais, afin que l'édifice ne l'ensevelît point lui-même sous sa chute et qu'il pût trouver le temps de se retirer.

En ce qui concerne l'exécution, une critique de la raison n'était nullement nécessaire pour la réfutation de la preuve ontologique de l'existence de Dieu, car il est facile de démontrer, sans même faire intervenir l'esthétique ni l'analytique, que toute preuve ontologique n'est qu'un jeu subtil de concepts, sans aucune valeur probante. Déjà dans l'*Organum* d'Aristote se trouve un chapitre, qui semble avoir été écrit spécialement en vue de réfuter la preuve ontologique, tant il se prête à cette fin ; c'est le septième chapitre du deuxième livre des *Analyt. post.* : entre autres il y est dit expressément : το δε ειναι ουκ ουσια ουδενι : c'est-à-dire : "Il n'y a pas d'être qui ait pour toute essence d'exister."

La réfutation de la preuve ontologique est une application des doctrines critiques exposées jusque-là à un cas donné : nous n'avons rien de particulier à en dire. – La preuve physico-théologique est une pure amplification de la preuve cosmologique, qu'elle suppose ; elle n'est d'ailleurs expressément réfutée que dans la *Critique du Jugement*. Je renvoie à cet égard mes lecteurs à la rubrique "Anatomie comparée", dans mon écrit sur la *Volonté dans la Nature*.

Kant, comme nous l'avons dit, n'a affaire dans cette critique qu'à la théologique spéculative, aux théories de l'École. Si, au contraire, il avait pris en considération la vie et la théologie populaire, il se serait vu forcé d'ajouter aux trois preuves une quatrième, qui agit sur le vulgaire avec le plus de force, et que dans la langue technique de Kant il faudrait dénommer : la preuve *céraunologique* (par la foudre) ; c'est la preuve qui se fonde sur notre besoin d'être soutenus, sur la faiblesse et la dépendance de l'homme vis-à-vis de forces naturelles supérieures, impénétrables, et généralement menaçantes ; ajoutez à ce sentiment notre penchant naturel à tout personnifier et l'espoir que nous avons d'obtenir quelque chose par des prières et des flatteries, ou même par des présents. Dans toute entreprise humaine se trouve, en effet, un élément qui n'est pas en notre puissance et qui échappe à nos calculs : c'est le désir de se rendre cet élément favorable qui est l'origine des dieux. *Primus in orbe Deos fecit timor*[15] est une maxime de Pétrone aussi juste qu'ancienne. C'est cette preuve principalement que critique Hume, et à cet égard il nous apparait comme le précurseur de Kant. – Si Kant, par sa critique de la théologie spéculative, a jeté quelqu'un dans un embarras durable, ce sont les professeurs de philosophie : à la solde de gouvernements chrétiens, ils ne sauraient lâcher le plus important des articles de foi[16]. Comment ces Messieurs se tireront-ils d'affaire ? – En prétendant que l'existence de Dieu se comprend d'elle-même. – Fort bien ! ainsi donc le vieux monde a inventé, au prix de sa conscience, des miracles pour la démontrer, le nouveau monde a mis en campagne, au prix de sa raison, des preuves ontologiques, cosmologiques et physico-théologiques, – et chez ces messieurs cela

---

[15] C'est la crainte qui a créé les dieux.

[16] Kant a dit : "Il est absurde de demander des lumières à la raison, si on lui prescrit d'avance vers quel côté elle devra pencher". (*Critique de la Raison pure*). À côté de cela qu'on lise la naïveté suivante, échappée à un professeur de philosophie contemporain : "Si une philosophie nie la réalité des idées fondamentales du christianisme, ou elle est fausse, ou, quoique vraie, elle ne saurait être d'aucun usage", — *scilicet* pour des professeurs de philosophie. C'est feu le professeur Bachmann qui dans la *Litteraturzeitung* de Iéna, de juillet 1840, n° 126, a si imprudemment révélé le dogme de tous ses collègues. En tout cas c'est un fait précieux pour la caractéristique de la philosophie universitaire que cette attitude vis-à-vis de la vérité : si elle refuse, inflexible, de se plier à des idées préconçues, on lui montre la porte sans plus de façons : "Hors d'ici, vérité, nous ne pouvons pas nous servir de toi. Te devons-nous quelque chose ? Est-ce toi qui nous paies ? En avant, donc, marche !"

va de soi. Puis par ce Dieu qui va de soi, ils expliquent le monde ; et voilà leur philosophie.

Jusqu'à Kant, un véritable dilemme subsistait entre le matérialisme et le théisme ; ou le monde était l'œuvre d'un aveugle hasard, ou c'était une intelligence ordonnatrice qui, agissant du dehors, l'avait créé suivant des fins et des idées : *neque dabatur tertium*[17]. Aussi l'athéisme et le matérialisme étaient-ils mis sur le même plan ; l'on doutait qu'il pût y avoir un matérialiste, c'est-à-dire un homme capable d'attribuer à un hasard aveugle l'ordonnance de la nature, et surtout de la nature organique, où l'appropriation à des fins éclate avec tant d'évidence ; qu'on lise, par exemple, les Essais de Bacon (*Sermones fideles*), *Essays on atheism*. Pour le vulgaire et pour les Anglais qui, en de telles matières, se confondent avec le vulgaire, la question se pose toujours ainsi ; cela est vrai même de leurs savants les plus célèbres ; qu'on consulte seulement l'*Ostéologie comparée* de R. Owen, parue en 1855, préface, pp. 11, 12 ; l'auteur ne s'y est pas encore détaché de la vieille opposition entre la doctrine d'Épicure et Démocrite d'un côté, et d'autre part l'idée d'"une intelligence", dans laquelle "la connaissance d'un être tel que l'homme a existé avant que l'homme fit son apparition". Toute finalité doit émaner d'une *Intelligence* ; même en rêve, il ne saurait nous arriver d'en douter. M. Owen, dans la lecture qu'il a faite, le 5 septembre 1853, à l'Académie des sciences, de cette préface quelque peu modifiée, n'a-t-il pas dit avec une naïveté enfantine : "La téléologie, ou la théologie scientifique, c'est tout un" (Comptes-rendus, sept. 1853). Si quelque chose dans la nature est approprié à une fin, il faut y voir une œuvre intentionnelle de la Réflexion, de l'Intelligence. Que voulez-vous ? Un Anglais ou l'Académie des sciences doivent-ils se soucier de la *Critique du jugement* ? peuvent-ils bien descendre jusqu'à mon livre sur la *Volonté dans la Nature* ? Les regards de ces Messieurs ne s'abaissent point aussi bas. Ces "illustres confrères" méprisent la métaphysique et "la philosophie allemande" : – ils s'en tiennent à la philosophie du gros bon sens. Mais disons la vérité : la valeur de cette majeure disjonctive, de ce dilemme entre le matérialisme et le théisme,

---

[17] Il n'y avait pas de troisième option

144

repose sur cette opinion que le monde, que nous avons sous les yeux, est celui des choses en soi, qu'il n'y a pas d'autre ordre de choses que l'ordre empirique. Du moment où Kant avait ramené le monde et l'ordre du monde à de purs phénomènes, dont les lois reposent principalement sur les formes de notre intellect, il n'était plus nécessaire d'expliquer l'existence et l'essence des choses et du monde par analogie avec les modifications que nous percevions ou opérions dans la nature ; il devenait inutile d'admettre que ce que nous concevons sous la forme de fins et de moyens fût né à la suite d'une conception analogue. – Kant, par sa distinction importante entre le phénomène et la chose en soi, retira au théisme sa base, et d'autre part il ouvrait la voie à de nouvelles et profondes explications de l'existence.

Dans le chapitre sur les fins de la dialectique naturelle de la raison, Kant avance que les trois Idées transcendantes ont, en tant que principes régulateurs, une certaine importance pour l'évolution de la connaissance de la nature. Kant a pu difficilement prendre cette assertion au sérieux. Il est incontestable au contraire pour tout savant que l'admission de ces hypothèses entrave les recherches naturelles et les rend stériles. Pour prendre un exemple, qu'on se demande si la croyance à une âme, substance immatérielle simple et pensante, loin de servir les vérités que Cabanis a si bien exposées, ou les découvertes de Flourens, de Marshall Hall ou de Ch. Bell, n'eût pas été pour elle le plus gênant obstacle. Kant lui-même n'a-t-il pas dit (*Prolégomènes*, § 4) "que les Idées de la raison sont contraires et défavorables aux maximes de la connaissance rationnelle de la Nature" ?

Ce n'est pas un des moindres mérites de Frédéric le Grand que, sous son gouvernement, ait pu se développer et se publier la *Critique de la Raison pure*. Sous tout autre gouvernement, une telle audace eût été difficilement permise à un professeur appointé. Le successeur immédiat du grand roi exigea de Kant la promesse de ne plus rien écrire.

19. De la morale de Kant. La raison pratique ; fausse identification de la conduite raisonnable avec la conduite vertueuse. Sens véritable de cette dernière expression : l'homme pratiquement raisonnable se règle sur des concepts, non sur des intuitions. — Du devoir ou impératif catégorique : Kant exclut avec raison l'idée de récompense ; mais il veut à tort que la vertu procède du seul respect de la loi, sans le concours d'aucune inclination.

J'aurais pu me dispenser de conserver à cette place la critique de la partie morale de la philosophie de Kant, puisque, vingt-deux ans après avoir écrit la critique qu'on va lire, j'en ai publié une plus développée et plus précise dans mon livre sur les "deux problèmes fondamentaux de l'Éthique". Cependant j'ai dû la reproduire, telle qu'elle se trouvait dans la première édition, pour que mon volume ne fût pas incomplet ; et d'ailleurs elle peut servir de préface à cette critique ultérieure, beaucoup plus nette, à laquelle je renvoie le lecteur pour les questions essentielles.

Toujours en vertu de cet amour, dont nous avons parlé, pour la symétrie architectonique, la raison théorétique devait avoir un pendant. L'*intellectus practicus* de la scolastique, qui dérive du νους πρακτικος d'Aristote (*De anima*, III, 10, et *Polit.*, VII, c. 14 : ο μεν γαρ πρακτικος εστι λογος, ο δε θεωρητικος[18]), fournissait le terme.

Cependant, tandis que chez les scolastiques il désigne la raison employée à des combinaisons pratiques, ici la raison pratique est posée comme source et origine de la valeur morale indéniable des actions humaines, comme source de toute vertu, de toute grandeur d'âme, de tout degré de sainteté auquel il est possible d'atteindre. Tout cela procède uniquement de la *raison* et n'exige qu'elle.

Agir raisonnablement, ou agir vertueusement, noblement, saintement, reviendrait au même ; agir par égoïsme, avec méchanceté, mal agir, ce serait agir déraisonnablement. Cependant

---

[18] Car la raison est d'une part pratique, d'autre part théorique.

tous les temps, tous les peuples, toutes les langues ont profondément distingué ces deux choses, et aujourd'hui encore tout ceux qui ne connaissent pas la langue nouvelle, c'est-à-dire le monde entier, à l'exception d'un petit tas de savants allemands, les tiennent pour essentiellement différentes ; pour tous une conduite vertueuse, et un système de vie raisonnable sont deux choses absolument différentes. Si on disait du sublime auteur de la religion chrétienne, dont la vie nous est présentée comme le modèle de toutes les vertus, qu'il a été le plus raisonnable des hommes, on considérerait cette façon de s'exprimer comme indigne et presque comme blasphématoire ; il en serait de même encore, si l'on disait que ses préceptes se bornent à donner les meilleures instructions pour mener une vie raisonnable. Lorsqu'un homme, conformément à ces préceptes, au lieu de songer à ses propres besoins futurs, ne cherche qu'à soulager la misère actuelle des autres, sans aucune arrière-pensée ; quand cet homme va jusqu'à donner aux pauvres tout son avoir, puis, dépouillé de tout, sans ressources, va prêchant aux autres la vertu qu'il a pratiquée lui-même, tout le monde s'incline devant une telle conduite et l'honore ; mais qui oserait la célébrer, en disant que c'est là le comble du *raisonnable* ? – Qualifiera-t-on de *raisonnable*, si on veut en faire l'éloge, l'action héroïque d'Arnold Winkelried qui, avec une grandeur d'âme surhumaine, réunissant en un faisceau, les lances ennemies les dirigea sur son propre corps, pour assurer le salut et la victoire de ses compatriotes ? – Au contraire quand nous voyons un homme uniquement préoccupé, depuis sa jeunesse, de se faire une existence libre de soucis, de trouver le moyen d'entretenir femme et enfants, d'acquérir auprès des gens une bonne réputation, de se procurer des honneurs extérieurs et des distinctions, sans qu'il se laisse jamais détourner du but par le charme de jouissances actuelles, par la tentation de braver la superbe des puissants, par le désir de venger des offenses subies ou des humiliations imméritées, par l'attraction d'occupations esthétiques ou philosophiques désintéressées, par le plaisir de visiter des contrées remarquables ; quand il travaille, au contraire, avec une persistance et une logique infatigables, à réaliser la fin qu'il poursuit, oserons-nous nier qu'un tel philistin ne soit démesurément raisonnable, même alors qu'il se sera permis quelques moyens, peu louables, mais exempts de danger ? Bien plus : lorsqu'un scélérat, grâce à des artifices prémédités, à un plan longuement élaboré, acquiert richesses, honneurs, des trônes mêmes et des couronnes, qu'il circonvient ensuite avec une perfidie subtile les États voisins, s'en rend successivement maître et devient ainsi le conquérant du monde, sans qu'aucune considération de droit ou d'humanité l'arrête ; quand, avec une rigoureuse logique, il foule aux pieds et écrase tout ce qui s'oppose à son plan, quand il précipite des millions d'hommes dans des infortunes de toute sorte, quand il gaspille leur sang et leur vie, n'oubliant jamais de récompenser royalement et de protéger toujours ses adhérents et ses auxiliaires ; quand, n'ayant négligé aucune circonstance, il est enfin parvenu au but ; ne voit-on pas qu'un tel homme a dû procéder d'une manière extrêmement raisonnable, que, si la conception du plan demandait une raison puissante, il fallait, pour l'exécuter, une raison, et une raison éminemment pratique, entièrement maîtresse d'elle-même ? – Ou bien, les préceptes que le prudent, conséquent, réfléchi et prévoyant Machiavel donne à son prince seraient-ils d'aventure déraisonnables ?[19]

De même que la malice et la raison font bon ménage, que celle-là ne devient vraiment féconde que par son alliance avec celle-ci, de même inversement la magnanimité se trouve parfois unie au manque de raison. Au nombre des actes généreux mais déraisonnables, nous pouvons compter la conduite de Coriolan qui, après avoir pendant des années employé toutes ses forces à se venger sur les Romains, se laissa attendrir, au bon moment, par les prières du Sénat et les larmes de sa mère et de son épouse, renonça

---

[19] Disons à ce propos que le problème que se pose Machiavel, c'est de résoudre la question suivante : Comment un prince peut-il réussir, malgré les ennemis du dedans et du dehors, à garder à jamais son pouvoir ? Son problème n'a aucun rapport avec le problème moral, qui consiste à se demander, si un prince en tant qu'homme doit avoir une telle ambition, ou non ; il est purement politique : s'il veut garder ce pouvoir, comment y réussira-t-il ? Il résout cette question, absolument comme on pose les règles du jeu d'échecs ; il serait insensé de demander au théoricien de ce jeu de répondre à cette question : si la morale conseille d'y jouer. Il serait aussi illogique de reprocher à Machiavel l'immoralité de son écrit, que de reprocher à un prévôt d'armes de ne pas ouvrir son enseignement par une conférence contre le meurtre et l'homicide.

à sa vengeance, et, excitant ainsi la colère légitime des Volsques, mourut pour ces Romains dont il avait connu l'ingratitude et qu'au prix de tant d'efforts il avait cherché à punir. — Enfin, pour être complets, disons que la raison s'associe souvent avec l'inintelligence. C'est le cas quand on adopte une maxime sotte, mais qu'on l'exécute avec logique. Un exemple de ce genre nous est fourni par la princesse Isabelle, fille de Philippe II, qui fit vœu de ne pas changer de chemise, avant qu'Ostende fût prise, et qui tint parole trois années durant. Tous les vœux rentrent d'ailleurs dans cette catégorie : ils ont leur source dans l'inintelligence, dans l'incapacité de comprendre la loi de causalité ; il n'en est pas moins raisonnable de remplir ces vœux, si on a été assez borné pour les faire.

C'est aussi d'après ces considérations que nous voyons encore les prédécesseurs immédiats de Kant opposer la conscience, siège des impulsions morales, à la raison ; ainsi Rousseau dans le quatrième livre de l'*Émile* : "La *raison* nous trompe, mais la conscience ne trompe jamais" ; et un peu plus loin : "il est impossible d'expliquer par les conséquences de notre nature le principe immédiat de la *conscience* indépendamment de la *raison* même". Plus loin encore : "Mes sentiments naturels parlaient pour l'intérêt commun, ma *raison* rapportait tout à moi... On a beau vouloir établir la vertu par la *raison* seule, quelle solide base peut-on lui donner ?"... Dans les *Rêveries du promeneur*, il dit : "Dans toutes les questions de morale difficiles, je me suis toujours bien trouvé de les résoudre par le dictamen de la *conscience*, plutôt que par les lumières de la raison". — Aristote déjà avait dit expressément que les vertus ont leur siège dans αλογω μοριω της ψυχης (c'est-à-dire la partie irraisonnable de l'âme), et non pas dans le λογον εχοντι (la partie raisonnable). Conformément à ceci Stobée (Ecl., II, c. 7) dit, en parlant des péripatéticiens : Την ηθικην αρετην υπολαμβ ανουσι περι το αλογον μερος γιγνεσθαι της ψυχης, επειδη διμερη προς την παρουσαν θεωριαν υπεθεντο την ψυχην, το μεν λογικον εχουσαν, το δ'αλογον. Και περι μεν το λογικον την καλοκαγαθιαν γιγνεσθαι, και την φρονησιν, και την αγχινοιαν, και σοφιαν, και ευμαθειαν, και μνημην, και τας ομοιους, περι δε το αλογον, σωφροσυνην, και δικαιοσυνην, και ανδρειαν, και τας αλλας τας ηθικας καλουμενας αρετας[20]. Et Cicéron (*De nat. Deor.*, III, c. 26-31) expose longuement que la raison est le moyen et l'outil nécessaire à tous les crimes.

J'ai expliqué que la *raison* est la *faculté* des *concepts*. C'est cette classe spéciale de représentations générales et non intuitives, symbolisées et fixées par des mots seulement, qui distingue l'homme de l'animal et le rend maître du monde. Si l'animal est l'esclave du présent, s'il ne connaît que des motifs sensibles immédiats, et si par conséquent, lorsque ces motifs se présentent à lui, il est attiré ou repoussé par eux aussi nécessairement que le fer par l'aimant ; au contraire, dans l'homme, grâce à la raison, est née la réflexion. C'est la réflexion qui lui permet de voir l'avenir et le passé, de faire des revues rapides de sa propre vie et du cours du monde, qui le rend indépendant du présent, qui lui donne le pouvoir de faire après mûr examen, après avoir tout prévu et combiné, le bien comme le mal. Mais tout ce qu'il fait, il le fait avec la pleine conscience de ses actes ; il sait avec précision dans quel sens se décide sa volonté, ce qu'elle a choisi et quel autre choix elle eût pu faire, et cette volonté consciente lui apprend à se connaître soi-même, à se mirer dans ses propres actes. Dans toutes ces relations avec l'activité humaine, la raison mérite le nom de *pratique* ; elle n'est théorique qu'autant que les objets dont elle s'occupe ne se rapportent pas à l'activité du sujet qui pense, mais ont un intérêt purement théorique, auquel peu d'hommes sont accessibles. Le sens de l'expression "raison pratique" ainsi entendue est assez bien rendu par l'expression latine *prudentia* que Cicéron (*De nat. Deor.*, II, 22) dit être le mot *providentia* contracté ; au contraire le mot "ratio", lorsqu'on l'emploie pour désigner une faculté de l'esprit, signifie généralement la raison proprement théorique, bien que les anciens n'observent pas très sévèrement cette différence. – Chez presque tous les hommes la raison a une tendance presque exclusivement pratique, mais si on abandonne cette tendance même, si la pensée perd son pouvoir sur l'action, si le mot du poète latin *video meliora proboque, deteriora sequor*[21] (Ovide, Métamorphoses, VII, 20) ou le proverbe français "le

---

[20] Ils pensent que la vertu éthique concerne la partie de l'âme dépourvue de raison ; en effet, ils supposent, pour la présente discussion, que l'âme se compose de deux parties, l'une douée de raison, l'autre en étant dépourvue.

[21] Je vois le bien, je l'approuve, et je fais le mal.

matin je fais des projets, et le soir je fais des sottises", deviennent des vérités, si l'homme s'en remet, pour la direction de ses actes, non pas à sa pensée mais à l'impression actuelle, à peu près comme fait l'animal, on l'appelle "déraisonnable" (sans que ce mot implique un reproche moral), bien que ce ne soit pas, à proprement parler, la raison qui lui manque. Ce qui lui fait défaut, c'est de savoir l'appliquer à sa manière d'agir, et on pourrait dire dans une certaine mesure que sa raison est purement théorique, et non pratique. Néanmoins il peut être un très brave homme ; ainsi bien des gens qui ne peuvent pas voir un malheureux sans le secourir, même au prix de sacrifices, ne paient pas leurs dettes. Un tel caractère privé de raison n'est pas capable d'accomplir de grands crimes, parce que la logique, la dissimulation et la possession de soi qu'ils réclament ne sont pas en son pouvoir. Il ne lui sera pas moins malaisé d'arriver à un haut degré de vertu ; car, quel que soit son penchant naturel au bien, les velléités passagères de mal agir, auxquelles tout homme est soumis, l'assailliront lui aussi, et comme sa raison, dépourvue du sens pratique, n'a pas à leur opposer des maximes immuables et de fermes résolutions, elles se réaliseront fatalement.

La *raison* révèle son caractère vraiment *pratique* dans les caractères très raisonnables, qu'à cause de cela on nomme dans la vie ordinaire des philosophes pratiques, et qui se distinguent par une égalité d'humeur peu commune, dans les situations désagréables aussi bien que dans les moments de joie et de bonheur, par un état d'esprit toujours équilibré, par la fermeté dans la résolution prise. En réalité c'est la prépondérance chez eux de la raison, c'est-à-dire de la connaissance abstraite plutôt qu'intuitive, c'est le talent de passer rapidement en vue, au moyen de concepts généraux, la vie tout entière dans ce qu'elle a d'essentiel, qui les ont familiarisés une fois pour toutes, avec la notion de ce qu'il y a d'illusoire dans l'impression du moment, de l'inconstance de toutes choses, de la brièveté de la vie, de la vanité des jouissances, des alternatives du bonheur et des grandes et petites perfidies du hasard. Rien donc ne leur arrive sans qu'ils s'y soient attendus, et ce qu'ils savent *in abstracto* ne les surprend pas et ne les fait pas sortir de leur calme habituel, en se présentant à eux dans la réalité sous forme de cas particulier. Le présent, l'intuitif, le réel exercent au contraire un tel pouvoir sur les caractères moins raisonnables, que les concepts froids et incolores disparaissent à l'arrière-plan de la conscience ; ils en oublient les résolutions et les maximes de conduite, et deviennent la proie des impressions et des passions de toute sorte. J'ai déjà exposé à la fin du premier livre qu'à mon avis la morale stoïque n'était originairement qu'une série de préceptes, recommandant une vie *raisonnable*, au sens que nous venons de dire. C'est une telle vie que célèbre Horace à maintes reprises dans de nombreux passages. C'est ainsi qu'il faut entendre son *Nil admirari*, et aussi l'inscription delphique Μηδεν αγαν. Traduire *Nil admirari* par "ne rien admirer" est un véritable contre-sens. Ce conseil d'Horace ne s'applique pas tant au domaine de la théorie qu'à celui de la pratique et peut se paraphraser ainsi : "N'estime rien d'une manière absolue, ne t'énamoure de rien, ne crois pas que la possession d'une certaine chose donne le bonheur ; tout désir profond d'un objet n'est qu'une chimère décevante, dont on se débarrasse aussi sûrement, mais avec plus de facilité, par une connaissance claire que par la possession péniblement obtenue." C'est dans le même sens que Cicéron emploie le mot *admirari* (*De divinatione*, II, 2). Ce que poursuit Horace, c'est cette αθαμβ ια[22], cette ακαταπληξις[23], cette αθαυμασια[24] que Démocrite célébrait déjà comme le souverain bien. (Cf. Clém. Alex., *Strom.*, II, 24 ; Strabon, I, p. 98 et 103.) – Il ne saurait être proprement question de vice ni de vertu à propos d'un système de vie aussi raisonnable, mais cet usage pratique de la raison fait valoir la véritable supériorité qu'a l'homme sur l'animal, et donne un sens et un contenu à cette expression : la dignité de l'homme.

Dans tous les cas donnés et concevables, la différence entre une action raisonnable et une action déraisonnable résulte de ce que les motifs sont, ou des concepts abstraits, ou des représentations intuitives. Aussi l'explication que j'ai donnée de la raison s'accorde-t-elle exactement avec les habitudes de langue de tous les temps et de tous les peuples ; or ces habitudes, personne ne les considérera comme purement arbitraires ou accidentelles, mais on reconnaîtra

---

[22] intrépidité
[23] absence d'étonnement
[24] impassibilité

qu'elles sont sorties de cette différence entre les diverses facultés de l'esprit dont chacun a conscience ; c'est cette conscience qui dicte le mot, sans l'élever toutefois à la précision d'une définition abstraite. Nos ancêtres n'ont pas créé les mots sans y déposer un sens déterminé, pour le simple plaisir de laisser après des siècles des philosophes s'en emparer afin d'en déterminer le contenu ; ils désignaient par les mots des concepts tout à fait tranchés. Les mots ne sont donc pas un bien sans maître, et y glisser un sens qu'ils n'ont pas eu jusqu'à présent, c'est introduire pour tout le monde la licence de donner à chaque mot le sens qu'on voudra, c'est amener une anarchie sans bornes. Déjà Locke a montré expressément qu'en philosophie la plupart des désaccords naissent du mauvais usage des mots. Pour s'en convaincre, qu'on jette un regard sur l'abus infâme qu'un tas de sophistes, vides de pensées, font aujourd'hui des mots "substance, conscience, vérité," etc. Les explications et les assertions de tous les philosophes, dans tous les temps, à l'exception de ces dernières années, au sujet de la raison, ne s'accordent pas moins avec ma théorie que les concepts répandus parmi tous les peuples de ce privilège de l'homme. Qu'on voie ce que Platon, dans le IVᵉ livre de la *République*, et en maints endroits épars, entend par λογιμον, par λογιστικον της ψυχης[25] ce que Cicéron dit dans le *De nat. Deor.*, III, 2634, ce que Leibniz et Locke en disent dans les passages déjà cités au Iᵉʳ livre. Les citations n'en finiraient pas, si je voulais montrer que tous les philosophes avant Kant ont parlé de la raison tout à fait au sens où je l'entends, bien qu'ils n'en aient pas su expliquer l'essence avec toute la clarté et la précision désirables, en la ramenant à un trait unique. Ce qu'on entendait peu avant l'apparition de Kant par raison, on peut le voir par deux dissertations de Sulzer, qui se trouvent dans le premier volume de ses *Mélanges philosophiques* ; la première est intitulée : *Analyse du concept de raison*, l'autre : *De l'influence réciproque de la raison et du langage*. Si on compare ensuite la façon dont on parle aujourd'hui de la raison, grâce à cette erreur de Kant qui depuis a été grossie démesurément et a pris des proportions étonnantes, on sera forcé d'admettre que tous les sages de l'antiquité, que tous les philosophes antérieurs à

---

[25] La partie raisonnable de l'âme.

Kant ont manqué de raison ; car les perceptions, les intuitions, les intellections, les pressentiments de la raison, phénomènes qu'on vient de découvrir, leur sont restés aussi étrangers que l'est pour nous le sixième sens des chauves-souris. Pour ma part, je dois avouer que lorsqu'on me parle de la raison qui perçoit immédiatement, qui conçoit ou qui voit d'une intuition intellectuelle l'Absolu et l'Infini, quand on m'entretient de toutes sortes de balivernes à ce sujet, je m'en rends compte dans mon ignorance à peu près comme du sixième sens de la chauve-souris. Mais ce qui sera l'éternel honneur de l'invention, ou si l'on préfère de la découverte de cette raison qui appréhende aussitôt tout ce qu'elle veut, c'est qu'elle est un expédient incomparable qui permet au philosophe de se tirer d'affaire le plus facilement du monde, lui-même et ses idées aussi fixes que favorites, en dépit de tous les Kant et de toutes les Critiques de la Raison. L'invention et l'accueil qu'elle a obtenu font honneur à notre temps.

Si l'essence de la raison (το λογιμον, η φρονησις, *ratio*, raison, *reason*) a été reconnue par les philosophes de tous les temps dans ce qu'elle a de plus important, bien qu'elle n'ait pas été déterminée avec assez de précision ni ramenée à un seul point ; en revanche, ils ne se sont pas rendu aussi nettement compte de la nature de l'entendement (νους, διανοια, *intellectus*, esprit, intellect, *understanding*). Il leur arrive de le confondre avec la raison, et c'est pourquoi ils n'aboutissent pas à une explication parfaite, pure et simple de l'essence de cette dernière. Chez les philosophes chrétiens le concept de l'entendement a revêtu encore un sens accessoire tout à fait singulier, par opposition à la révélation ; c'est en partant de cette acception, que beaucoup prétendent, avec raison, que la connaissance de l'obligation de la vertu est possible par le simple *entendement*, c'est-à-dire sans révélation. Ce sens a même eu une certaine influence sur l'exposition et sur le vocabulaire de Kant. Mais l'opposition d'où il résulte a une importance proprement positive et historique, elle est un élément étranger à la philosophie et ne doit pas y être mêlée.

On aurait pu s'attendre à voir Kant, dans ses deux *Critiques de la raison*, suivre la méthode suivante : parti d'une exposition de l'essence de la raison en général, et ayant ainsi déterminé le genre, il aurait passé à l'explication des deux espèces, en montrant comment la même raison se manifeste de deux façons aussi différentes, et toutefois, conservant sous les deux formes son caractère principal, se révèle toujours une et la même. Mais il n'y a pas trace d'un tel procédé. Combien les explications qu'il donne çà et là dans la *Critique de la raison pure* de la faculté même qu'il critique sont insuffisantes, flottantes et disparates, je l'ai déjà montré. La *raison pratique* a déjà fait son apparition, sans être annoncée, dans la *Critique de la raison pure*, et maintenant, dans la critique qui lui est spécialement consacrée, nous la rencontrons comme quelque chose de tout naturel et qui n'a pas besoin de preuves, sans que les habitudes de langage de tous les temps et de tous les peuples foulées aux pieds, sans que les définitions des plus grands philosophes antérieurs à Kant puissent être invoquées pour une protestation. *Grosso modo*, voici, d'après divers passages, quelle est l'opinion de Kant : la connaissance de principes *a priori* est le caractère essentiel de la raison ; or, comme la connaissance de la valeur éthique des actions n'est pas d'origine empirique, elle est aussi un principe *a priori*, qui a son origine dans la *raison pratique*. — J'ai assez souvent montré la fausseté de cette explication de la raison. Mais, abstraction faite de cette fausseté, quel procédé superficiel et peu fondé que celui qui s'appuie sur un seul caractère commun, l'indépendance à l'égard de l'expérience, pour réunir les choses les plus hétérogènes, méconnaissant l'abîme profond, incommensurable qui les sépare à tous autres égards ! Admettons même — sans le reconnaître toutefois — que la connaissance de la valeur éthique de nos actions naisse d'un impératif qui se trouve en nous, d'un devoir inconditionné ; ce devoir ne sera-t-il pas essentiellement distinct de ces formes générales de la connaissance, qu'il montre dans la *Critique de la raison pure* comme nous étant connues *a priori*, et déterminant par conséquent d'une manière nécessaire toute expérience possible ? La différence entre cette *nécessité* des principes, qui fait que dans le sujet la forme de tout objet est déjà déterminée, et ce devoir de la moralité, est tellement évidente, qu'il n'est possible que par un tour de force de les assimiler à cause de leur caractère commun de connaissances non empiriques ; cette coïncidence n'est vraiment pas suffisante pour justifier philosophiquement l'identification de l'origine de ces deux pouvoirs.

D'ailleurs le berceau de cet enfant de la raison pratique, du *devoir absolu* ou impératif catégorique, se trouve, non pas dans la *Critique de la raison pratique*, mais déjà dans celle de la *raison pure* (p. 803, 5ᵉ éd., p. 830). L'enfantement est pénible et ne réussit que grâce à un "voilà pourquoi", qui comme un forceps se glisse avec audace, je dirais presque avec impudeur, entre deux propositions qui n'ont aucun rapport, pour établir entre elles une liaison de principe à conséquence. Kant part en effet de cette proposition, que nous ne sommes pas seulement déterminés par des motifs intuitifs mais aussi par des motifs abstraits, et voici comment il la formule : "Non seulement ce qui existe, c'est-à-dire ce qui affecte immédiatement les sens, détermine la volonté humaine ; mais nous avons le pouvoir de triompher des impressions exercées sur notre sensibilité par des représentations de ce qui, même d'une façon éloignée, nous est nuisible ou utile. Ces réflexions sur ce qui est désirable au point de vue de notre état tout entier, c'est-à-dire de ce qui est bon et utile, reposent sur la raison." (Rien de plus juste. Si seulement il pouvait toujours parler ainsi de la raison !) "*Voilà pourquoi* celle-ci donne des lois qui sont des impératifs, c'est-à-dire des lois objectives de la liberté, qui disent ce qui doit se faire, bien que cela ne se fasse peut-être jamais !" — C'est ainsi, et sans être autrement accrédité, que l'impératif catégorique s'élance d'un bond dans le monde, qu'il régira par son *devoir* inconditionné... sorte de spectre en bois. Car le concept de *devoir* a pour condition nécessaire la relation avec une peine dont on est menacé, ou une récompense promise ; il ne saurait s'en séparer sans perdre lui-même toute sa valeur ; aussi un *devoir inconditionné* est-il une *contraditio in adjecto*. Je devais relever cette faute, bien qu'elle soit étroitement liée au grand mérite de Kant en morale, qui est d'avoir affranchi l'éthique de tous les principes du monde de l'expérience, et surtout de toutes les théories du bonheur directes ou indirectes, d'avoir véritablement montré que le règne de la vertu n'est pas de ce monde. Ce mérite est d'autant plus grand que tous les anciens philosophes, à l'exception du seul Platon, à savoir les péripatéticiens, les stoïciens, les épicuriens, ont par des artifices fort différents tantôt cherché à établir la dépendance respective de la vertu et du bonheur au moyen du principe de raison, tantôt à les identifier au moyen du principe de contradiction. Le même reproche atteint les philosophes modernes antérieurs à Kant. Le mérite de ce dernier, à cet égard, est certainement très grand ; cependant il n'est que juste de rappeler en regard que certaines parties de son exposition ne répondent pas à la tendance et à l'esprit de son éthique, et aussi qu'il n'est pas absolument le premier qui ait purifié la vertu de tout élément d'eudémonisme. Car déjà Platon, principalement dans la *République*, enseigne expressément que la vertu ne doit être adoptée que pour elle seule, même si le malheur et la honte devaient s'y associer irrémédiablement. Le christianisme prêche avec plus de force encore une vertu absolument désintéressée, qui ne doit pas être pratiquée en vue d'une récompense même dans une autre vie, mais tout à fait gratuitement, par amour pour Dieu ; car ce ne sont pas les œuvres qui justifient, c'est la foi seule qui accompagne, symptôme unique qui la révèle, la vertu. Qu'on lise Luther, *De libertate christiana*. Je ne veux pas faire entrer en ligne de compte les Indous ; leurs livres sacrés dépeignent partout l'espoir d'une récompense comme le chemin des ténèbres, qui ne conduira jamais au salut. La théorie de la vertu chez Kant n'atteint pas encore cette pureté ; ou plutôt l'exposition est demeurée bien au-dessous de l'esprit, elle est quelquefois même diamétralement opposée. Dans la dissertation qui suit sur le "Souverain Bien", nous trouvons la vertu unie au bonheur. Le devoir originairement inconditionné postule pourtant à la fin une condition ; à vrai dire, c'est pour se débarrasser de la contradiction interne qui l'empêche de vivre. Le bonheur dans le Souverain Bien n'est pas précisément donné comme motif de la vertu ; pourtant ce bonheur est là, comme un article secret, dont la présence ravale tout le reste à l'état de contrat illusoire ; il n'est pas à proprement parler la récompense de la vertu, mais un pourboire, vers lequel la vertu, une fois le travail fini, tend en cachette la main. Pour s'en convaincre, qu'on consulte la *Critique de la raison pratique*. Cette même tendance se retrouve dans toute sa théologie morale ; par celle-ci la morale se détruit elle-même. Car, je le répète, toute vertu pratiquée en vue d'une certaine récompense, repose sur un égoïsme prudent, méthodique et prévoyant.

Le contenu du devoir absolu, la loi fondamentale de la raison pratique est le fameux : "Agis de telle sorte que la maxime de ta volonté puisse toujours être considérée comme le principe d'une législation générale". – Ce principe charge celui qui cherche un régulateur de sa volonté propre d'en trouver également un pour celle des autres. – On se demande ensuite comment un tel régulateur peut être trouvé. Pour découvrir la règle de ma conduite, je ne dois pas seulement avoir égard à moi, mais à l'ensemble des individus. C'est-à-dire que ma fin, au lieu d'être mon bien propre, est le bien de tous sans distinction. Mais il est toujours question de bien. Et en ce cas je trouve que le bien de tous ne sera atteint qu'autant que chacun posera son égoïsme comme borne à celui des autres. Sans doute il suit de là que je ne dois nuire à personne, puisque l'adoption universelle de ce principe fait qu'on ne me nuit pas non plus ; mais c'est uniquement à cause de cet avantage personnel que moi, qui suis à la recherche d'un principe moral que je ne possède pas encore, je souhaite la transformation du principe dont il s'agit en loi universelle. Et il demeure certain que c'est le désir de réaliser de cette façon mon bien, c'est-à-dire l'égoïsme, qui est la source de ce principe éthique. Comme base de la politique, il serait excellent ; comme principe de la morale, il ne vaut rien. Celui qui recherche un régulateur pour la volonté de tous, comme le suppose ce principe moral, est évidemment en quête avant tout d'un régulateur personnel, autrement tout lui serait indifférent. Mais ce régulateur ne peut être que son propre égoïsme, car cet égoïsme est l'unique confluent par lequel pénètre en lui la conduite d'autrui ; ce n'est qu'au moyen de lui et par considération pour lui qu'il peut avoir une volonté touchant les actes d'autrui, et y être intéressé. Kant le donne à reconnaître lui-même avec une grande naïveté (p.123 de la *Crit. de la rais. prat.*, p. 192 de l'éd. Rosenkr.), car voici comment en ce passage il explique la recherche d'une maxime pour la volonté : "Si tout le monde voyait le malheur d'autrui avec une entière indifférence, et que *tu appartinsses* à un tel ordre de choses, y consentirais-tu ? Ce consentement de la part d'un individu équivaudrait à l'approbation d'une loi inique dirigée contre lui-même : *quam temere in nosmet legem sancimus iniquam* ![26] (Horace, Satires, I, 3, v. 67). De même dans le *Fondement de la métaphysique des mœurs* (p. 56 de la 3ᵉ édit., p. 50 de l'éd. Rosenkranz) : "Une volonté qui déciderait de n'assister personne dans la peine, serait en contradiction avec elle-même, car il peut arriver des cas où elle-même ait besoin de *l'amour et de la sympathie d'autrui*." Ce principe moral qui, considéré de près, n'est autre chose que l'expression indirecte et voilée de ce vieux et simple précepte, *quod tibi fieri non vis, alteri ne feceris*[27], se rapporte donc immédiatement à ce qui est passif en nous, à la souffrance, puis médiatement seulement à l'activité ; aussi pourrait-on s'en servir comme d'un guide dans l'*institution politique*, qui est destinée à garantir les hommes des *injustices*, et qui cherche à procurer à tous et à chacun la plus grande somme de bonheur ; mais en morale, où l'objet de la recherche est l'*acte* en tant qu'*acte* dans sa signification immédiate au point de vue de l'*agent*, et non pas les conséquences de l'acte, la souffrance, ni l'importance de l'acte par rapport à autrui, cette considération passive n'est pas admissible, puisqu'en réalité elle se ramène à une préoccupation de bonheur, c'est-à-dire à l'égoïsme.

Nous ne pouvons donc pas partager la joie qu'éprouve Kant de savoir que son principe moral n'est pas matériel, c'est-à-dire ne pose pas un objet comme motif, mais qu'il est purement formel, ce qui fait qu'il répond symétriquement aux principes purement formels que nous avons appris à connaître dans la *Critique de la raison pure*. Sans doute, au lieu d'être une loi, ce n'est que la formule pour la recherche d'une loi ; mais d'abord cette formule existait déjà plus brève et plus claire dans l'adage : *quod tibi fieri non vis, alteri ne feceris* ; ensuite l'analyse de cette formule montre que c'est uniquement la considération du bonheur personnel qui en fait le contenu, qu'elle ne peut servir par conséquent qu'à l'égoïsme raisonnable, source de toute institution légale.

Une autre faute encore a été relevée souvent dans le système moral de Kant, parce qu'elle choque les sentiments de tous, et

---

[26] Avec quelle légèreté nous établissons contre nous-mêmes une loi rigoureuse !

[27] Ne fais pas à autrui ce que tu ne voudrais pas qu'on te fît.

Schiller l'a tournée en ridicule dans une de ses épigrammes. C'est cette affirmation pédantesque, qu'une action pour être vraiment bonne et méritoire, doit être accomplie par pur respect pour la loi et le concept de devoir, et d'après une maxime abstraite de la raison, non point par inclination, par bienveillance pour autrui, par sympathie, par pitié, par quelque tendre mouvement du cœur ; tous ces sentiments (v. *Crit. de la R. prat.*, p. 132 ; p. 257 de l'éd. Rosenkr.) sont même très gênants pour les personnes bien pensantes, car ils jettent la confusion dans leurs maximes réfléchies ; l'action doit se faire à contre cœur, en surmontant une certaine répugnance. − Si l'on remarque que l'agent n'est même pas soutenu par l'espoir d'une récompense, on mesurera toute l'étendue de cette exigence. Mais, ce qui est plus grave, cette manière de comprendre l'acte moral est tout à fait contraire à l'esprit de vertu véritable ; ce n'est pas l'acte en lui-même qui est bon, c'est l'amour dont il procède, c'est la joie de l'accomplir, sans laquelle il reste lettre morte, qui en font tout le mérite. Aussi le christianisme enseigne-t-il avec raison, que toutes les œuvres extérieures sont sans valeur, si elles ne procèdent point d'une intention généreuse, fruit de l'amour ; que ce ne sont pas les œuvres accomplies (*opera operata*), qui assurent le salut et la rédemption, mais la foi, l'intention généreuse que seul l'esprit saint confère, et que n'engendre pas la volonté libre et réfléchie qui n'a que la loi en vue. − Exiger avec Kant que toute action vertueuse s'accomplisse purement par respect réfléchi pour la loi et conformément à des maximes abstraites, qu'elle soit opérée froidement et contre toute inclination, équivaudrait à dire qu'une véritable œuvre d'art doit naître de l'application réfléchie des règles esthétiques. À la question déjà traitée par Platon et Sénèque, si la vertu peut s'enseigner, il faut répondre négativement. On se décidera enfin à reconnaître ce fait, qui d'ailleurs a donné naissance à la théorie chrétienne des élus de la grâce, à savoir que dans leur essence intime principale, la vertu comme le génie sont dans une certaine mesure innés ; que si les forces réunies de tous les professeurs d'esthétique sont impuissantes à conférer à quelqu'un la faculté de produire des œuvres de génie, c'est-à-dire de véritables œuvres d'art, il sera également impossible à tous les professeurs de morale, à tous les prédicateurs de vertus, de faire d'un caractère vil un caractère noble et vertueux, impossibilité qui est plus manifeste encore que celle de la transmutation du plomb en or ; et la recherche d'une morale et d'un principe moral suprême qui aient pour but d'agir sur l'humanité, de la transformer et de l'améliorer, ne peut se comparer qu'à la recherche de la pierre philosophale. – Quant à la possibilité d'un changement d'esprit complet de l'homme (renaissance), non point par une connaissance abstraite (morale), mais par une connaissance intuitive (action de la grâce), nous en parlons longuement à la fin de notre quatrième livre. Le contenu de ce livre me dispense d'ailleurs d'insister plus longtemps sur ce sujet.

Kant n'a nullement pénétré le sens véritable du contenu moral des actions ; c'est ce qui ressort encore de sa théorie du souverain bien, comme union nécessaire de la vertu et du bonheur, celle-là rendant l'être digne de celui-ci. Au point de vue logique d'abord on peut objecter à Kant que le concept de dignité qui est ici décisif, suppose une morale déjà faite qui le fonde, que par conséquent ce n'est pas de lui qu'il fallait partir. Il résulte de notre quatrième livre que toute vertu véritable, après avoir atteint son degré suprême, aboutit finalement à un renoncement complet, où toute volonté trouve un terme ; le bonheur, au contraire, c'est la volonté satisfaite ; vertu et bonheur sont donc essentiellement inconciliables. Celui que mon exposition aura convaincu, sera amplement édifié par là même sur la fausseté des vues de Kant touchant le souverain bien. Et indépendamment de cette exposition positive, je n'en ai pas de négative à donner.

L'amour de Kant pour la symétrie architectonique se rencontre donc dans la *Critique de la raison pratique* également. Elle est taillée sur le même patron que la *Critique de la raison pure*, les mêmes titres, les mêmes formes y sont transportés, d'une manière évidemment arbitraire ; la table des catégories de la liberté en est surtout une preuve frappante.

20. La théorie du droit de Kant : faiblesse de cet écrit.

La *Théorie du droit* est une des dernières œuvres de Kant et une œuvre tellement faible que je ne crois pas nécessaire de la combattre, bien que je la désapprouve entièrement. Il semble qu'elle ne soit pas l'œuvre de ce grand homme, mais le produit d'un mortel ordinaire, et sa propre faiblesse la fera mourir de mort naturelle. Au sujet du droit je laisse donc de côté la partie polémique, pour ne m'attacher qu'au côté positif, c'est-à-dire aux traits fondamentaux de cette science, traits qu'on trouvera dans notre quatrième livre. Qu'on me permette seulement quelques remarques générales sur les théories du droit de Kant. Les défauts que, dans mon appréciation de la *Critique de la raison pure*, j'ai relevés comme inhérents au génie de Kant, se rencontrent dans la *Théorie du droit* avec une telle abondance que souvent on croit lire une parodie satirique de la manière kantienne, ou du moins entendre un Kantien. Voici deux de ses défauts principaux : Kant prétend (et beaucoup l'ont tenté depuis) séparer rigoureusement le droit de l'éthique, et toutefois il ne veut pas faire dépendre le droit de la législation positive, c'est-à-dire d'une contrainte arbitraire, mais laisser subsister *en soi a priori* le concept du droit. Cela est impossible ; car l'activité, en dehors de sa valeur morale, en dehors de son influence physique sur autrui, laquelle rend possible la contrainte arbitraire, n'admet pas une troisième manière d'être. Aussi, lorsque Kant dit : "Le devoir de droit est celui qui peut être imposé par force" ; ou bien ce *peut* doit s'entendre au sens physique, et alors tout droit est positif et arbitraire, et réciproquement toute volonté qui s'impose est droit ; ou bien ce *peut* doit s'entendre au sens moral, et nous voilà revenus sur le domaine de la morale. Chez Kant le concept du droit flotte entre ciel et terre, il ne saurait prendre pied sur le sol ferme ; pour moi, le concept du droit relève de la morale. En second lieu, sa détermination du concept du droit est tout à fait négative et par conséquent insuffisante[28]. "On appelle droit ce qui s'accorde avec l'existence simultanée des diverses libertés individuelles d'après une loi générale." La liberté (c'est-à-dire la liberté empirique, physique, non la liberté morale de la volonté) consiste à ne pas être gêné, entravé, c'est donc une simple négation. L'existence côte à côte a un sens tout analogue ; nous ne sommes donc en présence que de négations et n'obtenons pas le concept positif que nous cherchons, si nous ne le connaissons déjà d'autre part. Dans le cours du livre se développent les vues les plus fausses, celle-ci par exemple que, dans l'état de nature, en dehors de l'État, il n'y a pas de droit de propriété, ce qui revient à dire que tout droit est positif et que le droit naturel se fonde sur le droit positif, tandis que c'est le contraire qui est vrai. Je signalerai encore son explication de l'acquisition légale par la prise de possession ; l'obligation morale d'instituer une constitution civile ; le fondement du droit pénal, toutes théories auxquelles je ne crois pas devoir consacrer, ainsi que je l'ai déjà dit, une réfutation spéciale. Cependant ces erreurs de Kant ont exercé une influence très funeste ; elles ont troublé et obscurci des vérités reconnues et énoncées depuis longtemps, provoqué des théories bizarres, beaucoup d'écrits et beaucoup de discussions. Sans doute ce désarroi ne saurait durer, et nous voyons déjà la vérité et le bon sens se frayer une nouvelle voie ; le *Droit naturel* de J.-C.-F. Meister témoigne surtout de ce retour au vrai, à l'inverse de tant de théories bizarres et contournées ; toutefois je ne considère pas ce livre comme un modèle de perfection achevée.

---

[28] Bien que le concept du droit soit proprement négatif, alors que l'injustice en est le point de départ positif, il n'en reste pas moins que l'explication de ces concepts ne doit pas être complètement négative.

21. LA CRITIQUE DU JUGEMENT. CRITIQUE DU JUGEMENT ESTHÉTIQUE : ICI KANT A RENOUVELÉ LA SCIENCE DU BEAU. CRITIQUE DU JUGEMENT TÉLÉOLOGIQUE : FIN DE LA PREUVE PHYSICO-THÉOLOGIQUE.

Il me sera permis, après tout ce qui précède, d'être très court sur la *Critique du Jugement* elle-même. Une chose surprenante, c'est que Kant, à qui l'art est resté fort étranger, qui, selon toute apparence, était peu fait pour sentir le beau, qui, sans doute, n'a même jamais eu l'occasion de voir une œuvre d'art digne de ce nom, qui enfin parait n'avoir jamais connu Gœthe, le seul homme de son siècle et de son pays qui puisse aller de pair avec lui, – c'est, dis-je, une chose surprenante que Kant, malgré tout, ait pu rendre un si grand et durable service à la philosophie de l'art. Ce service consiste en ce que, dans toutes les considérations antérieures sur l'art et sur le beau, on n'envisageait jamais l'objet que du point de vue empirique, et qu'on recherchait, en s'appuyant sur des faits, quelle propriété distinguait tel objet déclaré beau d'un autre objet de la même espèce. Dans cette voie, on arrivait d'abord à des jugements particuliers pour s'élever peu à peu à de plus généraux. On s'efforçait de séparer ce qui est véritablement, authentiquement beau de ce qui ne l'est pas, d'établir les caractères auxquels on reconnaît cette beauté vraie, pour les ériger ensuite en règles. Le beau, et son contraire, et par conséquent ce qu'il faut s'efforcer de reproduire et d'éviter, les règles du moins négatives, que l'on doit prescrire, les moyens d'exciter le plaisir esthétique, c'est-à-dire les conditions objectives requises pour cela, tel était presque exclusivement le thème de toutes les considérations sur l'art. Aristote avait inauguré cette méthode, et il a été suivi, jusqu'à ces derniers temps, par Home, Burke, Winkelmann, Lessing, Herder, etc. La généralité des principes que l'on trouva, ramena, il est vrai, en dernière analyse, les philosophes à considérer le sujet, et l'on remarqua que si l'on arrivait à connaître exactement l'effet produit sur le sujet par l'œuvre d'art, on pourrait déterminer *a priori* ce qui, dans cette œuvre d'art, en est la cause, seul moyen de donner à cette étude une certitude toute scientifique. Ce fut l'occasion d'une foule de considérations psychologiques, dont les plus importantes furent celles d'Alexandre Baumgarten, auteur d'une Esthétique générale du beau, dont le point de départ était le concept de perfection de la connaissance sensible, c'est-à-dire intuitive. Mais, avec ce concept, il renonce du même coup au point de vue subjectif pour aborder le point de vue objectif et toute la technique qui s'y rapporte. Ce devait être le mérite de Kant d'examiner d'une façon sérieuse et profonde l'excitation même, à la suite de laquelle, nous déclarons beau l'objet qui l'a produite, et d'essayer d'en déterminer les éléments et les conditions dans notre sensibilité même. Les recherches prirent dès lors une direction toute subjective. Cette voie était évidemment la bonne ; car, pour expliquer un phénomène donné dans son effet, on doit, si l'on veut déterminer absolument l'essence de sa cause, connaître d'abord exactement cet effet lui-même. Mais le mérite de Kant ne consiste guère qu'à avoir montré la voie, et laissé, dans ses recherches provisoires, un exemple de la façon dont il la faut parcourir. Car ce qu'il a donné ne peut être considéré comme une vérité objective, et comme un gain réel. Il a montré la méthode et ouvert la route, mais il a manqué le but.

Dans la critique du jugement esthétique, – il importe de le remarquer tout d'abord, – Kant conserve la méthode qui est particulière à toute sa philosophie, et que j'ai longuement étudiée plus haut ; je veux dire qu'il part toujours de la connaissance abstraite, pour y chercher l'explication de la connaissance intuitive ; celle-là est une chambre obscure, où celle-ci vient se fixer à ses yeux et d'où il promène ses regards sur la réalité !

De même que, dans la *Critique de la raison pure*, les formes du jugement devaient lui permettre de se prononcer sur l'ensemble de notre connaissance intuitive ; de même, dans cette critique du jugement esthétique, il ne part point du beau lui-même, du beau intuitif et immédiat, mais du jugement formulé sur le beau, et qu'on appelle d'une expression fort laide, jugement de goût. C'est là son problème. Ce qui le frappe surtout, c'est qu'un tel jugement est manifestement l'expression d'un processus du sujet et qu'il a pourtant une généralité telle, qu'il semble se rapporter à une propriété de l'objet. Voilà ce qui l'a frappé, et non pas le beau lui-même. Son point de départ, c'est le verdict d'autrui, le jugement sur le beau, et non pas le beau. Autant vaudrait ne connaître les choses que par ouï-dire et non par soi-même ; à peu près de la même façon, un aveugle très intelligent pourrait, avec ce qu'il a entendu dire sur les couleurs, en composer une théorie. Et réellement on ne devrait envisager les philosophèmes de Kant sur le beau que sous ce rapport. On trouverait alors que sa théorie est très judicieuse, et même on remarquerait que çà et là, il y a quelques observations justes et d'une vérité générale ; mais la solution qu'il donne est tellement inadmissible, elle répond si peu à la dignité de son objet, que nous ne pouvons l'adopter comme vérité objective ; c'est pourquoi je me considère comme dispensé d'en donner la réfutation, et je renvoie sur ce point à la partie positive de mon ouvrage.

Pour ce qui est de la forme de son livre, remarquons que Kant y a été conduit par l'idée de trouver dans le concept de finalité la solution du problème du beau. L'idée est déduite ; ce qui n'est pas bien difficile, comme les successeurs de Kant nous l'ont montré. De là résulte cette union baroque de la connaissance du beau avec celle de la finalité des corps, dans une faculté de connaître qu'il appelle jugement ; et de là vient enfin, qu'il traite dans le même livre de deux sujets aussi différents. Avec ces trois facultés, la raison, le jugement et l'entendement, il entreprend ensuite des fantaisies architectoniques d'une belle symétrie ; il suffit d'ouvrir la *Critique du jugement*, pour voir jusqu'à quel point Kant en a le goût ; ce goût apparaît déjà dans l'ordonnance de la *Critique de la raison pure*, dont l'harmonie n'est obtenue que par un tour de force, mais surtout dans cette antinomie du jugement esthétique, qui est si fort tirée par les cheveux. On pourrait encore faire à Kant un grand reproche d'inconséquence ; il répète à satiété, dans la *Critique de la raison pure*, que l'entendement est la faculté de juger, et qu'il considère les formes de ses jugements comme les pierres angulaires de toute philosophie. Or, voici que maintenant il nous parle d'une faculté de juger toute particulière, absolument différente de l'autre. Aussi bien, ce que je nomme la faculté de juger, c'est-à-dire le pouvoir de transformer la connaissance intuitive en connaissance abstraite, et réciproquement, cette faculté, dis-je, j'en ai parlé tout au long dans la partie positive de mon ouvrage.

La partie de la *Critique du jugement* qui est de beaucoup la meilleure, c'est la théorie du sublime. Elle vaut incomparablement mieux que la théorie du beau, et non seulement elle nous donne, comme celle-ci, une méthode générale d'investigation, mais encore elle nous fait faire une partie du véritable chemin, à tel point, que si elle ne donne pas la solution vraie du problème, elle s'en rapproche du moins beaucoup.

C'est dans la critique du jugement téléologique que se révèle avec plus de netteté que partout ailleurs, à cause de la grande simplicité de la matière, le rare talent de Kant à tourner une idée en tous sens, et à en donner des expressions variées, jusqu'à ce qu'il en sorte un livre. Tout l'ouvrage se réduit à ceci : bien que les corps organisés nous apparaissent nécessairement comme soumis, dans leur structure, à un concept préalable de finalité, rien ne nous autorise cependant à regarder cette finalité comme objective. Car notre intellect, auquel les choses sont données du dehors et d'une façon médiate, qui par conséquent n'en connaît jamais l'essence intime, par quoi elles naissent et subsistent, mais uniquement l'enveloppe extérieure, notre intellect, dis-je, ne peut jamais saisir que par analogie l'essence particulière aux produits de la nature organique ; il les compare aux œuvres de l'industrie humaine, qui, dans leur essence, sont déterminées par une fin et par un concept correspondant à cette fin. Cette analogie est suffisante pour nous faire saisir la conformité de toutes les parties au tout, et pour nous donner un fil conducteur dans les recherches que nous pourrons faire, mais elle ne peut en aucune façon nous expliquer réellement l'origine et l'existence des corps. Car la nécessité de les concevoir comme soumis au principe de finalité est d'origine subjective. C'est à peu près ainsi que je résumerais la doctrine de Kant sur le jugement téléologique. En ce qu'elle a d'essentiel, il l'avait déjà exposée dans la *Critique de la raison pure* (pp. 692-702) ; mais ici encore, nous trouvons que David Hume a été le glorieux précurseur de Kant dans la connaissance de cette vérité. Lui aussi, il a discuté avec sa pénétration habituelle, la conception téléologique, dans la seconde partie de ses *Dialogues concerning the natural religion*. La différence essentielle qu'il y a entre la critique de Hume et celle de Kant, c'est que Hume donne cette conception comme ayant son fondement dans l'expérience, et que Kant au contraire la critique comme une idée *a priori*. Tous deux ont raison, et leurs explications se complètent mutuellement. Que dis-je ? pour l'essentiel, on trouve déjà la doctrine de Kant à ce sujet exprimée dans le commentaire de Simplicius sur la *Physique* d'Aristote : η δε πλανη γεγονεν αυτοις απο του ηγεισθαι, παντα τα ενεκα του γινομενα κατα προαιρεσιν γενεσθαι και λογισμον, τα δε φυσει μη ουτως οραν γινομενα[29]. (Schol. *in Arist.* ex edit. Berol., 354.) Là-dessus, Kant a parfaitement raison ; il était nécessaire aussi, qu'après avoir montré l'incompatibilité qu'il y a entre l'existence même du monde et le concept de cause et d'effet, on fit voir ensuite que le monde, dans son essence, ne peut être considéré comme l'effet d'une cause dirigée par des motifs. Quand on songe à tout ce que la preuve physico-théologique a de spécieux (à tel point que Voltaire l'a considérée comme irréfutable), on voit combien il importait de démontrer que la subjectivité de nos perceptions, où Kant avait fait rentrer déjà le temps, l'espace et la causalité, s'étend aussi à nos jugements sur les objets de la nature, et que, par conséquent, la nécessité où nous sommes de penser ces objets comme soumis à des concepts de finalité, c'est-à-dire comme ayant existé dans une représentation avant d'exister réellement, est d'une origine aussi subjective que l'intuition de l'espace, – lequel nous apparaît pourtant comme si objectif, – et partant ne peut être considérée comme d'une vérité objective. Là-dessus, la démonstration de Kant, en dépit de longueurs fatigantes et de répétitions, est excellente. Il soutient, avec raison, que nous ne pourrons jamais expliquer l'essence des corps organiques par des causes purement mécaniques, car c'est sous ce nom qu'il range toute action aveugle et nécessaire des lois générales de la nature. Cependant, il y a encore une lacune à signaler dans cette déduction. Kant ne conteste, en effet, la possibilité d'une telle explication qu'au point de vue de la finalité, et de la préméditation apparente qu'il y a dans les objets de la nature organique. Mais nous trouvons que là même où cette finalité ne se

---

[29] Mais chez eux (*Démocrite et Épicure*) l'erreur provenait de ceci : ils croyaient que tout ce qui se faisait en vue d'une fin ne pouvait reposer que sur un dessein et une réflexion, et pourtant ils constataient que les produits de la nature ne naissaient pas de cette manière.

révèle pas, les principes d'explication applicables à un domaine de la nature ne sauraient y être transportés d'un autre ; dès que nous abordons un domaine nouveau, ces principes ne nous sont plus d'aucun secours ; des lois fondamentales d'un autre genre apparaissent, dont l'explication ne saurait être trouvée dans les lois du domaine précédent. Telles sont, en mécanique, les lois de la pesanteur, de la cohésion, de l'impénétrabilité, de l'élasticité, qui (indépendamment de mon explication de toutes les forces de la nature comme degrés inférieurs de l'objectivation de la volonté) sont les manifestations de forces, dont il n'y a pas à chercher plus loin l'explication ; ces lois elles-mêmes sont dans l'ordre des phénomènes mécaniques, le principe de toute explication, car l'explication se borne à les ramener aux forces susdites. Mais si nous abandonnons ce terrain pour celui de la chimie, de l'électricité, du magnétisme, de la cristallisation, ces principes dont nous parlions ne sont plus applicables, ces lois n'ont plus de sens, ces forces sont tenues en échec par d'autres et contredites par les phénomènes nouveaux dont nous nous occupons ; ceux-ci sont régis par des lois fondamentales, qui, comme les précédentes, sont originales et irréductibles, c'est-à-dire ne peuvent se ramener à d'autres lois plus générales. Ainsi on n'arrivera jamais à expliquer avec les lois du mécanisme proprement dit la solution d'un sel dans l'eau ; que serait-ce si l'on avait affaire à des phénomènes plus compliqués de la chimie ? Dans le second livre du présent ouvrage, j'ai donné sur tous ces points d'amples explications. Des éclaircissements de ce genre eussent été, je crois, d'une grande utilité dans la critique du jugement téléologique, et en auraient fait mieux comprendre l'esprit. Ils auraient mis surtout en lumière cette idée de Kant, qu'avec une connaissance plus approfondie de l'Être en soi, dont les objets de la nature ne sont que les manifestations, aussi bien dans ses effets purement mécaniques que dans ceux qui visiblement sont soumis à une fin, – on trouverait un seul et même principe, capable de servir d'explication générale à l'un et à l'autre ordre de phénomènes. Ce principe, je crois l'avoir déterminé, en représentant la Volonté comme la seule chose en soi. C'est peut-être dans mon second livre et dans son supplément, mais surtout dans mon écrit sur la *Volonté dans la nature*, que j'ai saisi de la façon la plus nette et la plus profonde l'essence même de la finalité apparente et de l'harmonie du monde ; je n'en dirai donc pas davantage ici.

Le lecteur qui s'intéresse à cette critique de la philosophie de Kant ne devra pas négliger de lire dans la seconde dissertation du premier volume de mes *Parerga*, le complément intitulé : *Encore quelques éclaircissements sur la philosophie de Kant*. Il faut bien considérer, en effet, que mes écrits, si peu nombreux, n'ont pas tous été composés à la fois, mais successivement, au cours d'une longue vie, et à des intervalles éloignés ; par conséquent, on ne doit pas s'attendre à trouver condensé en un seul endroit tout ce que j'ai pu dire sur un même sujet.

FIN DU TOME DEUXIÈME.

À PROPOS DE CETTE ÉDITION

CRÉDIT ARTISTIQUE

Logo des Éditions CdBF

Bdfana

https ://commons.wikimedia.org/wiki/File ;EditionsduChat.jpg, Remix,Text Modified by CdBF,

https ://creativecommons.org/licenses/by-sa/4.0/legalcode

TABLE DES MATIÈRES

Made in the USA
Middletown, DE
17 October 2021

50473498R00099